臺灣歷史與文化 研究輯刊

二一編

第 5 冊

海上之星
——屏東縣琉球鄉地方傳說及信仰（中）

黃 永 財 著

花木蘭文化事業有限公司

國家圖書館出版品預行編目資料

海上之星——屏東縣琉球鄉地方傳說及信仰（中）／黃永財
著 -- 初版 -- 新北市：花木蘭文化事業有限公司，2022〔民
111 〕
目 16+198 面；19×26 公分
（臺灣歷史與文化研究輯刊二一編；第 5 冊）
ISBN 978-986-518-755-2（精裝）
1.CST：民間故事 2.CST：民間信仰 3.CST：屏東縣琉球鄉
733.08   110022092

ISBN-978-986-518-755-2

9 789865 187552

臺灣歷史與文化研究輯刊
二一編　第 五 冊　　　　　ISBN：978-986-518-755-2

海上之星
——屏東縣琉球鄉地方傳說及信仰（中）

作　　者　黃永財
總 編 輯　杜潔祥
副總編輯　楊嘉樂
編輯主任　許郁翎
編　　輯　張雅淋、潘玟靜、劉子瑄　美術編輯　陳逸婷
出　　版　花木蘭文化事業有限公司
發 行 人　高小娟
聯絡地址　235　新北市中和區中安街七二號十三樓
　　　　　電話：02-2923-1455 ／傳真：02-2923-1452
網　　址　http://www.huamulan.tw 信箱 service@huamulans.com
印　　刷　普羅文化出版廣告事業
初　　版　2022 年 3 月
定　　價　二一編 7 冊（精裝）台幣 20,000 元

海上之星
——屏東縣琉球鄉地方傳說及信仰（中）

黃永財　著

表目次

第四章　三隆宮的信仰發展及其相關傳說

　　先民渡海到小琉球重謀生計，鑑於小琉球島懸海外，由於醫藥尚未發達，瘟疫一起，死者枕藉，惟賴攜王爺香火雕神像，朝夕膜拜護佑。雖是偏處一隅的小島，她的宗教觀念，仍屬於臺灣民間信仰的範疇中，但她的信仰形態和運作模式，已經有自己的獨特風格。

　　三隆宮的歷史發展，早年三隆宮總幹事蘇逢源說：「緬溯本宮之創建淵源，因史料未載，耆老凋零，詳年難考，僅知梗概。」〔註1〕三隆宮早期創建歷史難以考證，到了民國時期廟體再重建、增建完成，完整明確記載。難得是，位於一個面積不到 7 公里見方的珊瑚島上，現今廟地使用面積卻擁有三千餘坪，且土地平整，利於舉辦迎王慶典等活動。【圖 4-1】

　　三隆宮奉祀主神池、吳、朱三位王爺，依廟方碑文記載是臺灣民間王爺信仰，唐初三百六十進士的系統，南鯤鯓廟五王的故事模式。從早年小琉球退出屏東縣東港鎮東隆宮祭祀圈後，轉往南鯤鯓廟進香，可以看出三隆宮王爺的身分與南鯤鯓廟五王的組合關係。當小琉球正當島上經濟生活大幅提升，臺南市玄樞院的混元法舟首次放航，停泊小琉球，開啟小琉球三隆宮的獨立迎王的時機。

　　本章以三隆宮的開發建廟及組織管理，奉祀神明，碑文、楹聯，三隆宮主祀神老池王神像傳說，三隆宮迎王祭典的變遷等為研究要旨。

〔註1〕鄭志明總編輯：《全國佛剎道觀總覽》（臺北市：樺林出版社，1988 年 10 月，初版），頁 146。

圖 4-1：小琉球三隆宮

【黃永財拍攝：2019/4/6】

第一節　三隆宮的開發建廟及組織管理

　　三隆宮創立相傳源於清代乾隆初年，係先民從中國大陸攜三府千歲香火到小琉球，位於現今碧雲寺左側窪地初建草廟奉祀。之後，從大福村遷建本福村。

　　三隆宮同於其他寺廟一樣，在風雨的侵蝕下，外貌斑駁，加上信徒眾多，原有空間難以容納，經幾次擴建及重建。民國 89 年（2000）庚辰科，迎王平安祭典圓滿結束，立即著手拆建，趕在民國 92 年（2003）癸未科平安祭典前完工，歷時二年多，不到三年時間完成建造。令小琉球人及外地人直呼「不可能的任務」。建造總金額約 1 億 7 千多萬元，其中廟體費用約 1 億 5 千萬元，增購土地約 2 千萬元。〔註2〕

　　以三隆宮的廟體規格，在本島二年多要完成建造是有難度的，何況是離島。據說，主要是三隆宮信用好，建商拿得到錢款，工作進度才會順利進行。〔註3〕

　　三隆宮早期廟體無一保留且紀錄甚少，現今廟體及設施等，投入鉅資，有必要將其調查記錄，故本書將其廟體建築與設施做圖、文介紹。除此之外，本節主旨以三隆宮的沿革做文獻爬梳探討，並介紹三隆宮寺廟組織與管理。

〔註2〕受訪者：陳麒麟（男，建築業），訪談者：黃永財，地點：屏東縣琉球鄉三隆宮，日期：2019 年 8 月 23 日。

〔註3〕受訪者：陳麒麟（男，建築業），訪談者：黃永財，地點：屏東縣琉球鄉三隆宮，日期：2019 年 8 月 23 日。

一、三隆宮沿革

　　三隆宮創建年代，其碑文、鄉志、史料及各方文獻記載，以清代建廟。但是在清代光緒時期的采訪冊並沒有記載，直到日治時期才有日本政府的紀錄。雖是如此，三隆宮碑文等文獻，清楚寫著創建清乾隆時期。因此，本書將三隆宮創立與改建年代，分為清乾隆、清末、民國時期等探討。同時相關文獻對於三隆宮的香火、廟名等記載，須商榷之處在本書提出探討。

（一）清乾隆的創立與改建

　　小琉球三隆宮的創立年代，有幾則文獻記載「清乾隆時期」，如新〈三隆宮碑誌〉、《琉球鄉志》、《屏東縣鄉土史料》等，都以清乾隆初年立草廟，到了清乾隆 50 年（1785）改建瓦廟，其文獻內容：

1. 據新〈三隆宮碑誌〉記載：「清朝『乾隆初年』，閩省鯉城上詩穎川族陳君明山來臺拓墾。……陳君攜池、朱、吳三府千歲『香火』，一路自閩而來，……立草廟於碧雲寺北側山坳。迨至『乾隆乙巳年』，於現址改建瓦廟。」〔註4〕

2. 據《琉球鄉志》記載：「三隆宮奉祀池、朱、吳合稱三府千歲，……陳明山氏於『清乾隆初年』，渡海來鄉『所攜至者』。該宮初為草廟，創廟於碧雲寺北側山坳，後播遷至現址，……。『乾隆 50 年』（1785），改建瓦廟，名之『王爺廟』。」〔註5〕

3. 據《屏東縣鄉土史料》紀錄：「三隆宮供奉吳、朱、池三位千歲。乃『乾隆之初』，陳君山要（明山）渡海來臺，將三位千歲『香火』奉於木船上，平安抵達琉球嶼，建廟來奉祀（草廟）香火鼎盛，『乾隆乙巳年』，改建為瓦廟觀。」〔註6〕

　　上述 1.、2.、3.則的文獻記載，三隆宮立草廟、改建瓦廟年代時間相同。可是對於池、吳、朱三府千歲的到來，則有不同記載，如新〈三隆宮碑誌〉、《屏東縣鄉土史料》兩者記載是「攜香火」而來。《琉球鄉志》的記載是渡海

〔註4〕摘錄自新〈三隆宮碑誌〉，資料來源：筆者田野調查，地點：屏東縣琉球鄉三隆宮，日期：2019 年 1 月 2 日。

〔註5〕洪義詳主修、林澤田總編纂：《琉球鄉志》（屏東縣：屏東縣琉球鄉公所，2006 年 12 月），頁 282。

〔註6〕蕭銘祥主編：《屏東縣鄉土史料》（南投市：臺灣省文獻委員會，1996 年 1 月，初版），頁 779。

來鄉「所攜至者」，對於所攜不明確，是香火或是其他。

另有其他文獻記載，是「攜神像」到來，如《臺灣鄉土全誌》記載：「三爺廟，位於大福村境內，據說昔日曾在福建省建廟，奉祀吳、王（朱）、池三位王爺，後來漁民渡海寺（來）臺，將三位王爺的『神像』置於小舟上，終於安然抵達小琉球。」〔註7〕，前述攜神像到來是明顯誤記，據新〈三隆宮碑誌〉清楚寫著是攜香火而來的。同時，據「臺灣省屏東縣琉球鄉宗教調查表」民國 48 年（1959），三隆宮，記載：「緣于大清乾隆之初，閩省鯉城上詩穎川族陳明山帶一『香火』為池、朱、吳三千歲由閩而來。」〔註8〕

三隆宮的創立年代，據上述文獻記載是清乾隆時期，不過清代盧德嘉著的《鳳山縣采訪冊》，並未采訪到小琉球「王爺廟」（三隆宮）。所采訪到是主祀觀音的寺廟（碧雲寺）而已。〔註9〕采訪人，如果有登上小琉球島上，為何只有采訪到觀音寺（碧雲寺），而鄰近有間王爺廟（三隆宮）卻未發覺。是否清光緒時期，小琉球王爺廟規模不大，才未引起采訪人注意，或其他因素，不得而知。

（二）清末的建立與改建

日治時期日本政府，對於三隆宮的資料登記，據《臺灣總督府公文類纂宗教史料彙編》（明治 28 年 10 月至明治 35 年 4 月）記載：「小琉球島『大寮』庄，王爺廟，建立年度清同治 7 年（1868），廟宇建築物 6.00 坪，廟宇用地 50.00 坪，附屬財產家屋一棟 126.00 坪。」〔註10〕

上述日治文獻記載，王爺廟清同治 7 年（1868）建立，是在「大寮莊」，也就是現在大福村。但是與新〈三隆宮碑誌〉等相關文獻記載似乎不同。因此，日治文獻記載，清同治 7 年（1868），王爺廟有可能還在大寮莊（大福村）。或者已遷移至現址本福村，廟址登錄未改正。

〔註7〕花松村主編：《臺灣鄉土全誌》（臺北市：中一出版社，1996 年 5 月，初版），頁 182。

〔註8〕「臺灣省屏東縣琉球鄉宗教調查表」民國 48 年（1959）：臺灣省文獻委員會，目錄號碼 2，三隆宮。

〔註9〕清・盧德嘉：《鳳山縣采訪冊》（第二冊）（臺北市：臺灣銀行，1960 年 8 月），頁 172。

〔註10〕溫國良編譯：《臺灣總督府公文類纂宗教史料彙編》（明治 28 年 10 月至明治 35 年 4 月）在明治 31 年（1898）11 月 16 日，陳報民政長宮後藤新平的〈前鳳山縣轄內社寺、廟宇、教務所等數量及布教狀況等調查書〉（南投市：臺灣省文獻委員會，1999 年 6 月），頁 432。

　　另有文獻記載，相關三隆宮奉祀神明及廟名，應該釐清。據《臺灣地名辭書》卷四，引日昭和二年（1927）《琉球庄管內狀況一覽》記載：「光緒17年（1891）1月18日莊民一同出金建設『三山國王廟』。日大正14年（1925）1月整建，日大正15年（1926）4月竣工。日昭和3年（1928）5月3日再度改築，並改稱『三隆宮』。」〔註11〕

　　「三山國王廟」的出現，是否當初日本人誤植，不得而知，然而有可能將「三王」（池、吳、朱）錯當「三山國王」。〔註12〕據筆者訪談三隆宮主事者及小琉球地方耆老，為何會出現三山國王廟，他們也覺得不可思議。

　　另一項改稱廟名「三隆宮」的年代有問題，依據《琉球鄉志》記載是在民國37年（1948）將王爺廟正名為「三隆宮」。〔註13〕又據「三隆宮管理委員會」資料記載：「二次大戰（1945年結束）末期，雖然物力維艱，但因王爺廟香火鼎盛，香客蜂擁而至，現有寺廟已難容納，所以鄉民共推蔡貴為重建主任委員（副主委陳添財、總幹事王海、書記黃生寬等共38位理事委員），積極進行王爺廟之重建。至民國37年（1948）農曆11月16日〔註14〕，新廟落成，晉廟安座，並正名為『三隆宮』。」〔註15〕依前述，改稱「三隆宮」是民國37年（1948），並非在日治時期。

　　對於「三隆宮」的廟名建立年代，另有不同的記載，如民國72年（1983）出版的《屏東縣志》，其記載：「民國乙丑年間東港某信士至此朝廟，接駕供奉，無不顯應，始奠基建立名曰：『三隆宮』」。〔註16〕民國乙丑年是日大正14年（民國14年[1925]），與《琉球鄉志》、「三隆宮管理委員會」的記載改稱「三隆宮」是民國37年（1948）不相同。

〔註11〕施添福總編纂、黃瓊慧等撰述：《臺灣地名辭書‧卷四屏東縣》（南投市：臺灣省文獻委員會，2001年10月），頁518。

〔註12〕據筆者曾訪談小琉球地方耆老及碑文作記人，認為是誤記。

〔註13〕洪義詳主修、林澤田總編纂：《琉球鄉志》（屏東縣：屏東縣琉球鄉公所，2006年12月），頁320。

〔註14〕舊〈三隆宮碑銘〉記載農曆11月16日，新〈三隆宮碑誌〉記載農曆11月13日。

〔註15〕三隆宮管理委員會所編的《三隆宮廟誌》目前未完成（只有手寫及影印稿），未出刊，故不以廟誌為名。資料來源：三隆宮管理委員會，筆者田野調查，地點：屏東縣琉球鄉碧雲寺，日期：2019年4月5日。

〔註16〕鍾桂蘭、古福祥纂修：《屏東縣志》（臺北市：成文出版社有限公司，1983年3月，臺一版），頁725。

（三）民國的改建

到了民國 37 年（1948）改建之後，歷經約 34 年之久，廟庭二度拓建，據新〈三隆宮碑誌〉記載：「民國 71 年拓填廟庭及增塑吳、朱府千歲金身（神像），使三王府更具應有之規模。」同年劍、印將軍，以及境主公、王馬、王船等神像安座入祀。

三隆宮廟體由於年代久遠失修，在庚辰科（2000）迎王平安祭典活動之後，著手拆除，拆建時，建臨時行宮，拆建完成後，並於翌年農曆 4 月開工興建新廟。於民國 92 年（2003）8 月 24 日安座大典。

（四）開基草廟舊址現況

三隆宮相傳清代初為草廟，其草廟舊址據地方老輩指出，位於碧雲寺左側斜坡處旁一塊空地。據黃清進說：傳說三隆宮原草廟的地方，是一處錦蛇尾穴，錦蛇頭是位於琉球國中旁，早期這個地方常有錦蛇出沒。〔註 17〕

草廟舊址，民國 58 年（1969）建發電廠，由鄉公所負責經營，供電範圍擴及全鄉，自行發電、供電，但供電時間仍有限制（清晨 6 時以後至下午無電），且是以柴油火力發電。電費曾從一度 4 元高漲到 9 元，為減輕鄉民負擔，最後在民國 63 年（1974）委請臺電接管經營，並遷廠到大福村龜仔路海邊。〔註 18〕

後來發電廠不使用，目前留下空屋體，據黃文良（碧雲寺、三隆宮現任主委）表示：裡面堆放碧雲寺、三隆宮早期東西，荒廢發電廠旁搭建鐵皮屋，也是堆放碧雲寺、三隆宮的物品。

三隆宮的舊址空地草皮看似常有整理，因為迎王祭典的過火儀式，這裡是場地之一，碧雲寺的兩頂大轎及四駕，回到三隆宮的舊址空地過「生火」（火堆不灑鹽降溫）。舊址空地的前方是面對南天宮廟體背面，右斜前方是龍目井，右側相鄰是碧雲寺。據說琉球鄉公所原要將草廟舊址空地，做綠化小公園，保留一塊空地做過火用，但鄉民反對，認為要做過火場地太小，因此目前沒有改變，以後會如何處理，不得而知。

三隆宮的創建與遷建（改建）年代，筆者曾經與新〈三隆宮碑誌〉作記

〔註 17〕受訪者：黃清進（男，三隆宮頭筆副組長），訪談者：黃永財，地點：屏東縣琉球鄉碧雲寺，日期：2019 年 3 月 13 日。

〔註 18〕洪義詳主修、林澤田總編纂：《琉球鄉志》（屏東縣：屏東縣琉球鄉公所，2006年 12 月），頁 181。

人討論，他說：新〈三隆宮碑誌〉是沿舊〈三隆宮碑銘〉作記，建草廟及遷建改瓦廟的年代，實難考證。早期先人或外人到這荒島作記似乎較無可能性，況且那當時王爺廟屬於草廟或瓦廟，不易受外人受矚目，因此清代建廟年代只能相傳或推論，但是難以定論。〔註19〕

表 4-1：三隆宮創立、改建、整建、重建時間一覽表

朝代	時　間	廟址（角頭）	廟宇狀態	備　　註
清	乾隆初年	大寮（大福村）	開基草廟	草廟位於碧雲寺北側山坳
	乾隆50年（1785）	大寮或白沙尾	改建瓦廟	名為「王爺廟」
	同治7年（1868）	大寮（大福村）	廟宇建築物6.00坪，廟宇用地50.00坪，附屬財產家屋一棟126.00坪。	名為「王爺廟」
民國	37年（1948）	白沙尾（本福村）	拓寬廟庭，整建道路	王爺廟正名為「三隆宮」
	71年（1982）	白沙尾（本福村）	廟庭二度拓建	增塑吳、朱府千歲金身，劍、印將軍，以及境主公、王馬、王船等神像安座入祀。
	89年（2000）	白沙尾（本福村）	重建	設中軍府、建普生院、供奉地藏王菩薩、增建凌霄寶殿。
	92年（2003）	白沙尾（本福村）	重建落成	農曆8月24日入廟安座

資料來源：

1. 〈三隆宮碑誌〉

2. 洪義詳主修、林澤田總編纂：《琉球鄉志》，屏東縣：屏東縣琉球鄉公所，2006年12月。

3. 溫國良編譯：《臺灣總督府公文類纂宗教史料彙編》（明治28年10月至明治35年4月），南投市：臺灣省文獻委員會，1999年6月。

4. 筆者整理。

〔註19〕受訪者：許春發（男，琉球國中退休老師），訪談者：黃永財，地點：屏東縣琉球鄉碧雲寺，日期：2019年5月8日。

二、三隆宮的廟體建築與設施

三隆宮住址：屏東縣琉球鄉本福村中山路 45 號。主祀神像：三府千歲（池、吳、朱）。三隆宮的廟體建築，從古早草廟到改建瓦廟後，歷經一百多年。民國 89 年（2000），三府千歲扶筆旨令重建三隆宮，鄉民以擲筊儀式請允加建普生院及凌霄殿。每逢三隆宮重建，據廟方記載：必引來黑鯻魚（大隻丁香魚）成群，喜遊沿海，如星羅棋布般，無可數計〔註 20〕，似成群到來慶賀三隆宮廟體落成。

民國 92 年（2003）新建完成的三隆宮，其單體建築、建築風格及格局、建築體等介紹如下。

（一）單體建築與設施（廟外）

1. 牌樓（山門）

山門，原稱「三門」，意思是指包括「空」、「無相」、「無作」的三解脫門，後因一般佛寺建於山中，又稱山門。〔註 21〕許多民間信仰的寺廟會有山門的設置，山門在臺灣常建造牌樓式，一般稱「牌樓」。其格式有多重簷，屋頂剪黏陶塑人物等裝飾，顯得金碧輝煌，如屏東縣東港鎮東隆宮，於民國 86 年（1997）建的大牌樓。

三隆宮的牌樓（正門），位於廟體前方，屋頂是閩南式屋簷，多重簷（三重），屋簷第一層是雙龍，第二層雙鳳，第三層浪花（由下到上）。頂簷中間立福、祿、壽人物，燕尾雙龍及人物。門柱子是四角紅柱，柱的楹聯是黃色字，中門柱楹聯：三王鎮南疆恩沾群黎安寧千載；隆殿昭海國功列萬古勝概一方。整體牌樓面寬不大，不算大牌樓，最旁側的龍虎門窄小，可能受山坡地形及樓梯影響。【圖 4-2】

要進入三隆宮的牌樓（正門），就要先練腳力，必需腳踏約 98（97）階樓梯，才能到達牌樓，雖然樓梯中間建造無障礙斜坡，有助於神轎進入，但是轎班也要費不少力氣與技巧。

牌樓（後門），位於三隆宮廟體後方，單門、單簷，閩南式屋簷，紅門柱（柱楹聯是黑底黃色字），柱前兩石獅相對。三隆宮迎王祭典由此牌樓出發，

〔註20〕資料來源：三隆宮管理委員會，筆者田野調查，地點：屏東縣琉球鄉碧雲寺，日期：2019 年 4 月 5 日。
〔註21〕謝宗榮：《臺灣傳統宗教藝術》（臺中市：晨星出版有限公司，2003 年 9 月，初版），頁 234。

可能是地形上比前牌樓（正門）出入方便。【圖 4-3】

圖 4-2：小琉球三隆宮牌樓（前）　　圖 4-3：小琉球三隆宮牌樓（後）

　　【黃永財拍攝：2019/3/13】　　　　　　【黃永財拍攝：2019/3/13】

2. 旗　杆

　　旗杆，是舊時仕官表現特殊身份地位的表徵。科舉舊制，凡中舉以上的人，必須在返鄉豎立旗杆，告慰祖先、光耀門楣，後逐漸為民間信仰替用。在神廟中的旗杆，上為圓斗可象徵通天，下為方斗可招安五營兵馬及附近諸神，沒有一定規矩可循。〔註 22〕「豎旗杆」是小琉球很普遍的宗教設施，除了碼頭附近水仙宮豎一對外，其他廟宇僅在廟前左方豎立一支。

　　三隆宮的旗杆，位於廟體左側前方，整體看來雄壯。又稱龍虎旗杆，金龍與石虎，龍頭向下，虎頭向上，龍彩色，虎灰色，爬立紅色旗杆上，龍虎相對。旗杆基座建造三層，每層基座牆面浮雕圖案，如八仙會聚等，基座四周設欄杆，種植龍柏樹，旗杆三層，頂層造金黃獅一隻。【圖 4-4】

圖 4-4：小琉球三隆宮單體建築：旗杆、金爐

【黃永財拍攝：2019/3/13】

〔註 22〕劉還月：《臺灣民間信仰小百科〔廟祀卷〕》（臺北市：臺原出版社，1996 年
　　　　11 月，第一版），頁 125。

3. 金爐（金亭）

焚燒金紙代表獻給神祇的財帛，寺廟中都建有金爐，供信徒使用，碰上大的慶典就由廟方統一收集代為燒化，不過最近幾年節能減碳，有的寺廟不建議燒太多金紙。金爐的規模大小是有規矩可循，但形制就沒有規範，有圓形、方形、六角形、八角形，可造兩層、三層等。屋頂塑成煙囪，將金紙化成煙，上昇送達上天。屏東縣車城福安宮金爐，將金紙平放金爐口，吸進去有如點鈔機般，據金爐設計人梁紹英表示：金爐內的設計形狀是主要因素。〔註23〕

三隆宮的金爐，位於廟體左側前方，緊鄰旗杆，氣派華麗。建八角八龍柱型，屬於三層金爐，屋頂是飛簷起翹，第一層八浪花，第二層八鳳，第三層八龍。煙囪作圓直筒，塑龍於圓直筒上。內簷裝修是金黃垂花（吊筒）。目前只開一門金爐口燒金紙，金爐口面對三隆宮廟體正面。

4. 戲　臺

戲臺，廟中專為演戲酬神所造的建築。有設於內部者，如清代中葉所建的鹿港龍山寺及淡水福佑宮。〔註24〕設於外部者，如高雄市鳳山區天公廟，戲臺正面與廟門相對，戲臺下方則是賣小吃的店，信徒飲食方便。臺東縣關山鎮媽祖廟，戲臺在廟的左前方，建造雄偉獨特。

圖4-5：小琉球三隆宮王府戲臺

【黃永財拍攝：2019/3/13】

〔註23〕受訪者：梁紹英（男，大木作家），國內百座以上的廟宇或家祠參加設計及建造。訪談者：黃永財，地點：屏東市建豐路梁宅，日期：2017年6月11日。

〔註24〕李乾朗：《臺灣古建築圖解事典》（臺北市：遠流出版事業股份有限公司，2016年10月，四版），頁49。

　　三隆宮的戲臺，位於廟體正對面，牌樓的右側，沒有華麗裝飾，屬於堅固實用型。其建造屬臺基挑高，平面屋頂，戲臺前屋簷為單層，兩側樓梯進出，白色牆面，紅色四角柱。【圖4-5】

5. 王船閣

　　王船閣（廠），是為造王船而設的專門場所，場地可固定或臨時尋覓，只要是一個封閉性的場合即可，一般木造王船建造期間至少約四個月左右。〔註25〕不過建造期仍以王船的大小有關係，如屏東縣東港鎮東隆宮王船規模堪稱全臺最大，所以建造期較長。

　　三隆宮的王船閣，位於廟體左側，單座式一層平房，屋頂北方式。牆面粉刷象牙色，正面鐵門一面，兩個窗戶，平時門窗緊閉，只有建造王船及迎王期間才開啟鐵門。王船閣內左側（龍邊）奉祀中軍府神龕，迎王期間恭奉王船大爺，由科巡祭典會人員負責點香拜拜，非相關人員不可隨意進入。【圖4-6】

圖4-6：小琉球三隆宮王船閣

【黃永財拍攝：2018/11/17】

　　王船閣改建，由甲戌正科大總理洪新發明及全體主事與全鄉人民共同出資，加上民國83年（1994）科巡利用結餘經費改建鋼筋水泥。王船建造都在王船閣內製造，王船造好進行儀式也在王船閣舉行。（王船閣外牆立一塊小碑石，日期是民國86年2月4日。）

〔註25〕劉還月：《臺灣民間信仰小百科〔醮事卷〕》（臺北市：臺原出版社，1994年4月，第一版），頁208。

6. 金紙部（房）

民間無論祭神或者祀鬼，都要焚燒紙錢，供做神界或冥界的貨幣〔註26〕，祭神用金紙，祀鬼用銀紙。在臺灣的寺廟中，幾乎都有「販賣」金紙，自由樂捐，但會標明金額，有的在廟中設金紙部，立統一價錢，並在一份金紙上附有一包糖果或餅乾供奉神明。寺廟信徒多，金紙部每天收入可觀，尤其遇到慶典日，更是忙碌，所以販賣金紙，是寺廟重要財源收入之一。金紙除了在廟內販賣，廟外的商店也有賣，如雲林縣北港鎮朝天宮廟外，商店打出「買金紙，免費停車」的方式。

三隆宮的金紙部（庫房），位於廟體左側，與王船閣相鄰，兩者中間是條通道。屋體採用水泥與不銹鋼板合建，單座式一層平房，屋頂北方式，牆面白色為主。在迎王平安祭典期間，金紙販賣則在金紙部對面，設臨時販賣部，平時則在三隆宮殿內。【圖 4-7】

圖 4-7：小琉球三隆宮金紙部（庫房）

【黃永財拍攝：2018/11/9】

7. 廟　埕

廟埕是寺廟重要的多功能活動空間，有的寺廟使用土地面積大，平常做停車場，慶典日使用功能性多，例如搭臨時戲棚，法會場所，辦平安宴，中元普渡，也提供選舉造勢或喜宴外燴等使用，如高雄市鳳山區開漳聖王廟。然而位於市中心地段的寺廟，土地昂貴，不易取得，近年廟體建築則採樓閣式，要留空地作廟埕，較不容易，如屏東市都城隍廟。

三隆宮的廟埕分為二個區塊，一個是無遮蔽式大空地，迎王過火或神轎

〔註26〕劉還月：《臺灣民間信仰小百科〔廟祀卷〕》（臺北市：臺原出版社，1996 年 11 月，第一版），頁 268。

隊伍集合處。另一個用鐵皮浪板建造遮蔽式防曬、遮雨空間，其屋頂天花及柱是黃顏色，由六根彩色龍柱支撐。迎王祭典期間，用圍籬隔開，舉行法會等使用。廟埕空地與遮蔽式屋頂前簷間，造兩隻都開口大石獅，前腳踩球。

（二）建築格局

臺灣傳統廟宇的建築格局，依照廟宇建築組群之規格大小，可區分為單座式、一條龍式、街屋式、合院式、殿堂式與樓閣式等，而傳統建築講究建築組群的縱身「進」數，進愈多的寺廟其等級愈高。〔註27〕殿堂式的建築，如高雄大寮大發包公廟。樓閣式，如屏東市玉皇宮。

三隆宮的前殿、正殿是一樓層臺基微挑高型，後殿是樓閣式（三樓），整體採用混合式、樓房式的建築，其空間形式也形成為一種多元的彈性空間。樓梯寬廣，使用方便，利於疏散。【圖4-8】

圖4-8：小琉球三隆宮建築格局

【黃永財拍攝：2019/4/5】

（三）建築體

1. 前　殿

前殿，寺廟的第一進殿堂稱之，但信仰不同名稱又略有差異，如民間信仰的廟及道觀稱為三川殿，佛寺則稱天王殿。〔註28〕三川殿也稱三川門，按照古例，中門平常並不開放，只有在特殊日子才開放（迎神或神誕），一般信

〔註27〕謝宗榮：《臺灣傳統宗教藝術》（臺中市：晨星出版有限公司，2003年9月，初版），頁223。

〔註28〕李乾朗：《臺灣古建築圖解事典》（臺北市：遠流出版事業股份有限公司，2016年10月，四版），頁48。

徒也禁止從中門進出，但由於空間使用及方便性，很少遵循古例。前殿則有開五個出入口，稱五門，故也稱五門殿，如彰化縣鹿港鎮龍山寺。

　　三隆宮的前殿是三川門，左側殿（龍邊門廳）是中軍府，右側殿（虎邊門廳）是水仙王，前殿及兩側殿各有兩根龍柱，總共有六根龍柱。三川門的中門前是雙石獅，兩側門前是石鼓。【圖 4-9】中軍府及水仙王，門前各有雙石麒麟。中軍府及水仙王的天花是圓形。前殿共有十個門板，全部是男相門板神。進入殿內左側（龍邊）立舊〈三隆宮碑銘〉，前殿後面牆立新〈三隆宮碑誌〉。

圖 4-9：小琉球三隆宮前殿

【黃永財拍攝：2019/1/30】

2. 正　殿

　　正殿是寺廟中奉祀主神的殿堂，是寺廟中最重要的空間，所以在廟體組群中建築體最大、最高的建築物。在殿內的神龕周圍禁止信徒進入，如屏東縣車城鄉福安宮。

　　三隆宮的正殿廟體分為主殿及兩側偏殿，神龕全部木雕。主殿神龕天花是八卦形，裝有六個燈籠。左、右神龕天花皆是長橢圓形，兩側偏殿天花是平底形。【圖 4-10】

　　前殿與正殿處，共有 12 紅柱（藍底黃字，黑色圓柱珠）。正殿通往後殿左側（龍邊）通道，停放神轎（中軍府、五千歲、大千歲）。右側通道停放五頂神轎。正殿後面牆建造龍吐水，下方是水池。

圖 4-10：小琉球三隆宮正殿（主祀池、吳、朱三府千歲）

【黃永財拍攝：2019/1/30】

3. 後　殿

　　後殿，位於正殿後方，寺廟中的「同祀神」或「配偶神」一般都供奉在此，有的作為供奉玉皇上帝的凌霄寶殿。一般後殿供奉的神明雖然神格比正殿主神高，但在廟宇建築上的重要性就較低於正殿，雖是如此，有的寺廟將後殿建得比正殿高，這也符合民間信仰的認知，如花蓮縣吉安鄉慈惠堂、高雄市鳳山區雙慈殿（亭）。

　　三隆宮的後殿建三樓層，一樓原要做辦公室，因管理委員會與碧雲寺同單位，辦公都在碧雲寺，目前只有三年一科迎王或開會人多時，才會使用。

　　後殿二樓是普生院，殿前欄杆與正殿後面牆相接，成 U 形欄杆，立 12 隻小石獅，廊道四大圓柱（素面）。中門前立雙石獅，左旁側門前立雙石馬、左側門前立石鼓；右旁側門前立雙石馬、右側門前立石鼓。門板神男、女相都有。

　　普生院神龕全部是木雕。天花：中位神龕是平底形彩繪雙龍，左旁側神龕是平底形彩繪雙鳳、左側神龕是平底形彩繪雙麒麟；右旁側神龕是平底形彩繪雙鳳、右側神龕是平底形彩繪雙麒麟。

　　後殿三樓是凌霄殿，殿前廊道欄杆立 14 隻小石獅（兩隻相對），廊道四根龍柱。中門前立雙石麒麟，左旁側門前立雙石獅、左側門前立石鼓；右旁側門前立雙石獅、右側門前立石鼓。【圖 4-11】中門左、右門板上的圖，上方是龍，下方是魚，形成「魚躍龍門」。左、右兩旁側及兩側門板均為立體黃金人物。

圖 4-11：小琉球三隆宮後殿廊道、龍柱、石獅、石鼓

【黃永財拍攝：2019/1/30】

凌霄殿神龕全部是木雕。天花：中位神龕是八卦形，左旁側神龕是長方形、左側神龕是長橢圓形；右旁側神龕是長方形、右側神龕是長橢圓形，全部木雕。【圖 4-12】

圖 4-12：小琉球三隆宮凌霄殿玉皇上帝神龕天花

【黃永財拍攝：2019/3/13】

4. 屋頂

屋頂，傳統漢民族的建築多採用木材為主要架構，臺灣近代新建的寺廟，大多以鋼筋水泥為主結構，廟體建築的高度愈建增高，屋頂裝飾特別講究，以多元組合，並運用多重簷形式，使屋頂更有變化。閩南式最大的特色是在屋脊、屋頂上裝飾繁複，令人眼花撩亂，但也形成臺灣寺廟屋頂建築特色之一，如雲林縣四湖鄉海清宮。

三隆宮的屋頂是閩南式傳統建築，前殿及兩側殿屋頂各自獨立，中間為「三隆宮」、左「中軍府」、右「水仙王」。前殿與正殿屋頂被廟埕遮雨鐵棚遮

住，不易看清楚。後殿屋頂高於前面兩殿，閩南式傳統建築，多重簷，結構交錯，屋頂中央置寶塔，燕尾是雙龍拜塔，在中脊、規帶、斜脊處，布滿剪黏陶塑人物等裝飾。【圖 4-13】

圖 4-13：小琉球三隆宮的屋頂

【黃永財拍攝：2019/3/13】

5. 鐘鼓樓

寺廟中掛左鐘右鼓，或建左鐘樓、右鼓樓，平日晨昏作息及法會以鐘鼓為號。臺灣最早之例，可能是臺南市開元寺所藏「重修海會寺圖碑」中彌勒殿前的鐘鼓樓。〔註29〕在民間信仰寺廟中，鐘鼓則用在迎送友宮廟神明，以示歡迎隆重之意。現今有的採用錄音播放，或燃炮代為迎客。三隆宮的鐘鼓樓，建於二樓前殿屋頂旁，其屋頂是二重簷，第一層八鳳、第二層八龍，燕尾向上，八柱。

6. 護　欄

護欄多用於閣樓周圍或臺基、階梯。主要用石、磚、木等材料，一般護欄高度約在腰部左右，常見在欄杆面堵（欄板）上作浮雕歷史或傳說人物等圖案，如高雄市苓雅區五塊厝關帝廟。有的柱頭也作成龍、獅、蓮花等各種造形。

三隆宮廟身周圍欄杆上有小石獅圍繞，兩隻相對。一樓欄杆兩側共有 93 隻，後側走廊 22 隻，二樓欄杆從兩側鐘鼓樓算起，各有 28 隻。【圖 4-14、圖 4-15】

〔註29〕李乾朗：《臺灣古建築圖解事典》（臺北市：遠流出版事業股份有限公司，2016年 10 月，四版），頁 48、49。

圖 4-14：小琉球三隆宮欄杆
的石獅

圖 4-15：欄杆上的小石獅

小石獅

【黃永財拍攝：2019/3/13】

【黃永財拍攝：2019/3/13】

三、三隆宮供奉的神明及組織管理

三隆宮在早期未雕塑吳、朱府千歲金身。據「臺灣省屏東縣琉球鄉宗教調查表」民國 48 年（1959）記載：「僅雕刻池府金身，而無雕刻朱、吳金身，致後代嶼民大多不知池、朱、吳三府源史，世而傳世而延至今誤傳池府為三府千歲，其實非然。」〔註 30〕之後在正殿、後殿二樓普生院、三樓凌霄寶殿增奉神明。

三隆宮與碧雲寺早期兩廟的管理曾分合。現今兩廟合一管理委員會，方便管理及行事。

（一）三隆宮供奉的神明

三隆宮原池、吳、朱三府千歲，其神靈是集一尊神像──池府千歲，稱「池府三千歲」。不瞭解的，誤以為池府是五府千歲中，排行第三的池府三千歲，其實是排行第二，稱池府二千歲。五府千歲李、池、吳、朱、范五王之中，二王池府千歲諱夢彪，三王吳府千歲諱孝寬，四王朱府千歲諱叔裕，三位王爺故稱三隆宮。

1. 前殿與門廳

三隆宮前殿臺階沒有御路石，臺階不多，建築體面寬，中央前殿三川

〔註 30〕「臺灣省屏東縣琉球鄉宗教調查表」民國 48 年（1959）：臺灣省文獻委員會，目錄號碼 2，三隆宮。

門。左側（龍邊）門廳是中軍府，供奉中軍爺，在三年一科迎王時，是值年中軍府的安奉之處。右側（虎邊）門廳供奉水仙尊王，殿內左側供奉混元法舟，右側一艘王船。混元法舟只有三年一科迎王，才會移請參加四角頭遶境，而殿內的王船是三隆宮永祀的船，並不會抬出，無焚化遊天河的科儀。

2. 正殿與兩側偏殿

正殿的中央主神龕供奉三隆宮主神池、吳、朱三府千歲（池居正中位、吳居左邊、朱居右邊）。鎮殿池府千歲（最大尊）的前位是舊鎮殿池府千歲。鎮殿吳府千歲的前位是「恩公」（恩王），日治時期，日本人要燒毀神像，另雕一尊池府千歲代替池王爺，準備交給日本人燒毀，後來沒有被燒毀，現今恭奉在正殿中央主神龕左側。

鎮殿朱府千歲前位的池府千歲，傳說仿高雄市旗津區福壽宮老池王神像雕刻，是早期去福壽宮要偷換老池王回小琉球，結果沒有成功，只好回三隆宮恭奉著。此尊池府千歲神像原造型，冠帽與頭部相連著雕刻（一體成型），沒有另戴銀或黃金冠帽，到了戊戌正科（2018）迎王平安祭典前，才製做銀冠帽戴上去。

正殿神龕供桌左前立掌印將軍、右前掌劍將軍。正殿左側神龕供奉境主公；右側神龕是土地公。正殿兩側各有一處偏殿，左側偏殿奉祀弼馬官；右側偏殿是城隍爺。

3. 後殿──普生殿、凌霄寶殿

後殿一樓管理委員會辦公室。二樓普生院，中央主神龕供奉地藏王菩薩。左旁側神龕南海古佛、左側神龕太歲星君；右旁側神龕天上聖母、右側神龕觀音菩薩。

慶典祭祀供品，祀地藏王菩薩：葷五牲、圓12粒、發粿12粒、酒5杯、花1對、茶3杯、四果茶4杯、山珍海味（五豆）、五果1盤、糖果6碗、素齋6碗（熟）、糖6碗、素6碗。

祀南海古佛、太歲星君、天上聖母、觀音菩薩：圓6粒、發粿6粒、酒3杯、茶3杯、四果茶4杯、山珍海味（五豆）、四果1盤、花1對。

三樓凌霄寶殿，中央主神龕供奉玉皇上帝。前方三官大帝，左立有李靖、王天君，右立楊戩、趙光明。左旁側神龕如來佛祖、左側神龕南斗星君；右旁側神龕孚佑帝君、右側神龕北斗星君。【圖4-16】

祭祀供品，祀玉皇上帝：素五牲、圓12粒、發粿12粒、酒5杯、茶3

杯、四果茶 4 杯、山珍海味（醋）、五果 1 盤、花 1 對。

祀如來佛祖、南斗星君、孚佑帝君、北斗星君：圓 12 粒、發粿 12 粒、酒 5 杯、茶 3 杯、四果茶 4 杯、山珍海味（紅豆）、五果 1 盤、花 1 對。

祀地藏王菩薩的供品，出現葷五牲，為何會有葷食出現，據三隆宮管理委員會總幹事表示，葷食不是要供給地藏王菩薩，而是給「好兄弟」的，所以會要求信徒葷食要煮過，不要用「生」的。〔註31〕

圖 4-16：小琉球三隆宮後殿（凌霄寶殿）

【黃永財拍攝：2019/1/30】

（二）管理委員會

碧雲寺、三隆宮原設管理人制，民國 64 年（1975）起改為管理委員會制。組織章程是第五屆第一次信徒代表大會（87 年 8 月 16 日）通過，屏東縣政府 87 年 8 月 24 日屏府民禮字第 144283、144284 號函同意備查。

管理委員會為執行機構，置管理委員 17 人，候補管理委員 5 人，監事 7 人，候補監事 2 人，由信徒代表大會就信徒中選任。信徒代表 33 人，由信徒大會自信徒中選任，任期四年，連選得連任。

主任委員 1 人，由管理委員互選。管理人員（主任委員、管理委員、常務監事、監事）均為義務職，任期 4 年，連選得連任。總幹事 1 人，專任或兼任，由主任委員提名，經管理委員會議同意後聘任，解聘時相同。

碧雲寺、三隆宮兩廟第一屆管理委員會合為一。但是第二屆，碧雲寺管理委員會主任委員蔡貴，三隆宮管理委員會主任委員黃坤和，及管理委員各

〔註31〕受訪者：蔡文財（男，碧雲寺、三隆宮總幹事），訪談者：黃永財，地點：屏東縣琉球鄉碧雲寺，日期：2019 年 8 月 23 日。

自成立，唯總幹事同為蘇逢源。第三屆，碧雲寺、三隆宮管理委員會主任委員同為黃坤和、總幹事同為蘇逢源，但管理委員各自成立。第四屆，碧雲寺、三隆宮兩廟管理委員會又合為一。〔註32〕

　　碧雲寺、三隆宮建廟元老名冊、第一屆管理委員會名冊如下：

表 4-2：碧雲寺、三隆宮建廟元老名冊一覽表

職　務	姓　名	性別	村　名	職　務	姓　名	性別	村　名
正委員	蔡貴	男	天福村	理事	黃醮	男	大福村
副委員	陳天才	男	中福村	理事	洪先居	男	大福村
理事	李西炮	男	本福村	理事	陳石珧	男	南福村
理事	陳天相	男	本福村	理事	黃榮合	男	南福村
理事	陳天恩	男	本福村	理事	黃漏拱	男	南福村
理事	陳紅毛	男	本福村	理事	黃武生	男	南福村
理事	陳金頓	男	本福村	理事	陳乞食	男	天福村
理事	陳權	男	本福村	理事	陳習	男	天福村
理事	陳進步	男	本福村	理事	鄭屋	男	天福村
理事	蔡番	男	中福村	理事	陳串	男	天福村
理事	蔡仁義	男	中福村	理事	許接	男	上福村
理事	李欺	男	中福村	理事	李鳥褒	男	上福村
理事	李漏琴	男	中福村	理事	陳老六	男	上福村
理事	蔡天成	男	漁福村	理事	陳潘	男	上福村
理事	李仁	男	漁福村	理事	林鉅	男	杉福村
理事	蔡萬春	男	漁福村	理事	鄭標	男	杉福村
理事	陳橉	男	大福村	理事	陳乳	男	杉福村
理事	洪牛	男	大福村	總幹事	王海	男	漁福村
理事	黃萬滾	男	大福村	書記	黃生寬	男	漁福村

資料來源：
1.《屏東縣琉球鄉碧雲寺、三隆宮概況》，第五屆管理委員會製，1999年4月，頁22、23。
2. 筆者整理。

〔註32〕《屏東縣琉球鄉碧雲寺、三隆宮概況》，第五屆管理委員會製，1999年4月，頁24～29。

表4-3：碧雲寺、三隆宮第一屆管理委員會名冊一覽表

職 務	姓 名	性別	村 名	職 務	姓 名	性別	村 名
主任委員	蔡貴	男	天福村	委員	李順興	男	上福村
委員	陳權	男	本福村	委員	許逢源	男	上福村
委員	蔡天賀	男	本福村	委員	林福來	男	杉福村
委員	陳瑞成	男	本福村	委員	鄭正	男	杉福村
委員	陳天才	男	中福村	常務監事	蘇逢源	男	本福村
委員	蔡吉	男	中福村	監事	曾清	男	中福村
委員	蔡得員	男	漁福村	監事	陳明通	男	漁福村
委員	王海	男	漁福村	監事	洪萬相	男	大福村
委員	黃醮	男	大福村	監事	黃麒麟	男	南福村
委員	洪添財	男	大福村	監事	李朱生	男	上福村
委員	黃憐受	男	南福村	監事	蔡水土	男	杉福村
委員	黃萬仲	男	南福村	總幹事	李欺	男	中福村
委員	陳儉	男	天福村				

資料來源：

1. 《屏東縣琉球鄉碧雲寺、三隆宮概況》，第五屆管理委員會製，1999年4月，頁24。
2. 筆者整理。

　　碧雲寺、三隆宮管理委員會成員，在兩座公廟的神明聖誕日及重大慶典，必須穿著傳統古禮服參加儀式，以示禮敬及隆重。如【圖4-17】所示：

圖4-17：小琉球碧雲寺、三隆宮委員及相關成員，穿著古禮服參
　　　　加慶典儀式

【黃永財拍攝：2020/3/12】

（三）管理行事

一週行事：每週一、三、五開啟金紙獻金箱。一月行事：每月農曆 2 日、15 日，清早供奉水果。每月農曆 2 日上午開獻金箱（逢星期例假日農、漁會不上班則順延）。每月國曆 16 日收當月房屋、土地租金。每月國曆月底前，發當月工作人員薪水。

會議方面：管理委員會議，二個月一次。監事會議，三個月一次。信徒代表大會，一年一次。信徒大會，一屆一次。

其他方面：房屋租賃契約，一年一次（國曆 1 月 20 日）。演戲契約，一年一次（農曆 1 月 15 日）。點光明燈，一年一次，隨時受理。金紙契約，一年一次（國曆 10 月 8 日）。換龍袍，一年一次（春節前）。

碧雲寺、三隆宮，民國 107 年（2018）開辦獎學金申請，高中 1,500 元、大學 2,000 元，每人一年一次，必須居住琉球鄉五年以上，以戶籍為準。以民國 108 年（2019）4 月前為例，申請件數：高中超過 300 件以上，大學近 300 件。〔註33〕國小、國中申請由學校統一造冊，向管理委員會提出申請。

碧雲寺、三隆宮管理委員會年度行事曆，以民國 108 年（2019）為例：

表 4-4：民國 108 年（2019）碧雲寺、三隆宮管理委員會行事曆（以農曆為準）一覽表

月	日	內　　容	備　註
1	9	玉皇上帝萬壽演戲一天，早上 8 時參拜。	著背心彩帶
1	15	上元乞物活動一天，早上 8 時安太歲。	
2	21	觀音佛祖聖誕演戲延續一天，早上 8 時參拜。	著背心彩帶
2	22	觀音佛祖聖誕演戲延續一天，下午 3 時犒軍。	
4	26	李府千歲聖誕，早上 8 時參拜。	著背心彩帶
6	18	池府千歲聖誕演戲一天，早上 8 時參拜、下午 3 時犒軍。	著背心彩帶
7	29	下午 3 時普渡	7 月最後一天
8	15	朱府千歲聖誕演戲一天，早上 8 時參拜、下午 3 時犒軍。	著背心彩帶
8	24	入廟紀念日演戲一天，早上 8 時參拜、下午 3 時犒軍。	著背心彩帶

〔註33〕資料來源：三隆宮管理委員會，筆者田野調查，地點：屏東縣琉球鄉碧雲寺，日期：2019 年 4 月 5 日。

| 9 | 15 | 吳府千歲聖誕演戲一天，早上 8 時參拜、下午 3 時犒軍。 | 著背心彩帶 |
| 11 | 1 | 溫府千歲聖誕演戲一天，早上 8 時參拜、下午 3 時犒軍。 | 著背心彩帶 |

資料來源：1. 碧雲寺、三隆宮管理委員會。　2. 筆者整理。

　　碧雲寺、三隆宮管理委員會對於工程及採購等事項，以投標公告。同時兼顧琉球鄉民生計，有些投標資格則限戶籍在小琉球居住二個月以上者。決標方式是請示王爺決定底價，在底價內，最低價者得標。管理委員會除了決標請示王爺決定底價，在慶典活動推出義賣文創商品的訂製數量及售價，也是請示王爺決定。例如戊戌正科（2018）平安祭典，小王馬 156 元，限量 800 隻；平安扇每支 300 元，限量 88 支。

　　碧雲寺、三隆宮投開標，例如發文日期：中華民國 107 年（2018）7 月 25 日，發文字號：琉三字第 0725 號，公告事項：

表 4-5：碧雲寺、三隆宮投開標公告事項一覽表

序號	內　　　容
1	碧雲寺、三隆宮神佛龍袍皇冠、八仙彩、三隆宮神佛維修、三隆宮面觀牌樓龍柱及大爐重新油漆彩繪等案，分別投開標。
2	開標日期時間： （1）碧雲寺、三隆宮神佛龍袍皇冠：中華民國 107 年（2018）8 月 2 日（農曆 6 月 21 日）上午 9 時。 （2）八仙彩：中華民國 107 年（2018）8 月 2 日（農曆 6 月 21 日）上午 10 時。 （3）三隆宮神佛維修：中華民國 107 年（2018）8 月 2 日（農曆 6 月 21 日）上午 10 時 30 分。 （4）三隆宮面觀牌樓龍柱及大爐重新油漆彩繪：中華民國 107 年（2018）8 月 2 日（農曆 6 月 21 日）上午 11 時。標單應於開標前送達，逾時以棄權論。
3	領投標地點：碧雲寺辦公室（上班時間內）。
4	開標地點：三隆宮辦公室。
5	投標資格：限戶籍在琉球居住二個月以上者投標，驗明身分證件正本及影本各 1 份（本人到場），帶印章參與投標或議價。
6	押標金（保證金）規定： （1）押標金：無。 （2）保證金：決標金額 5%。神佛維修 10%（得標者簽約時繳現金）。
7	決標方式：底價以廠商價款，請示王爺決定底價。在底價內，最低價者得標，或接受王爺底價者得標。

8	補充事項：
	（1）神佛之工作參與者及得標者應本著審慎及誠懇之態度為之。
	（2）得標人應於三日內攜帶商店或本人及一連帶保證人身分證印章到本宮辦公室辦理簽約；逾期以棄權論，不得異議。
9	本公告事項未盡事宜，以合約或投標須知補充辦理。
	主任委員　黃文良

資料來源：1. 碧雲寺、三隆宮管理委員會。　2. 筆者整理。

第二節　三隆宮的碑文、楹聯及老池王傳說

　　進入三隆宮的前殿左側（龍邊）立舊〈三隆宮碑銘〉，前殿後面牆立新〈三隆宮碑誌〉，不過新碑文立於過高，閱讀有點不方便。新、舊碑文有段難懂地方，與新碑文作記人共同討論，試作詳實解讀。

　　三隆宮的建築雄偉，在楹聯方面極為注重，本書將三隆宮的楹聯例入研究範圍，除了文字之外，並加入照片，瞭解到寺廟楹聯在民間信仰具有教化功能的意義與價值，更能呈現寺廟楹聯美學。

　　三隆宮早期池王爺因靈驗，常外出辦事濟世，傳說遭大水沖失，後被撿拾而供奉。故本節將老池王神像漂流傳說，及老池王的神像事蹟例入研究範圍。

一、三隆宮的碑文、楹聯

　　寺廟碑文多以陰刻雕在鑿平的表面上，陰刻文字通常以金黃上色，使碑文更為明顯。碑文一般會立於廟體正殿內牆上，有的立於廟外，有的寺廟未立碑文。三隆宮的新、舊碑文，各分立兩處，廟方將舊碑保存完整立於廟內牆上，碑文為白色花崗石雕成，上面的碑文記載著三隆宮歷史發展的見證。【圖4-18】新碑文是沿舊碑文作記，內容更為詳實，其碑為黑底金字，氣派非凡，詳述三府千歲由來及創廟歷史等沿革。【圖4-19】

　　三隆宮的楹聯，有正殿正門、正殿排樓柱、三府三千歲神龕門柱、殿內楹柱，凌霄寶殿、普生院等，均全國書法名家首選名筆。

圖 4-18：舊〈三隆宮碑銘〉

【黃永財拍攝：2019/4/5】

圖 4-19：新〈三隆宮碑誌〉

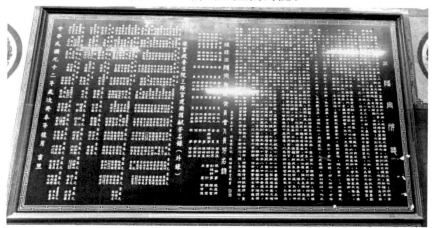

【黃永財拍攝：2019/4/5】

（一）舊〈三隆宮碑銘〉、新〈三隆宮碑誌〉

1. 舊〈碑銘〉：

蓋聞崇神拜佛、首自伏羲，盛自商朝，延而至今，歷三千餘載。神之英靈，遐邇而週傳；心之虔敬，川流而不息。然三府千歲，池源自西河，朱源自沛國，吳源自延陵。因其英靈遠揚，求之無不立應，故聲名遠振，四海共欽。吾琉球地處鯤外，誠有天外蓬萊之態。惟賴皇蒼之佑，民樂牲康，惟天地而是命，崇神奉佛如日月之永在。緣于大清乾隆之初，閩省鯉城上詩穎川族陳君明山，帶一香火來。池、朱、吳三府千歲一路由閩而來，雖在狂波暴浪之中，亦平安而

至吾琉球，宣揚其神之可欽。即建立草廟，置該香火，以為敬重。果然語不虛傳：民卜者，顯如電應；事求者，靈在眼前。求福之香客，絡絡不絕；宣靈之嘖聲，時時有聞。迨至乾隆乙巳年間，諸民感其英靈而為永奠之業，即改建以瓦廟。觀而事久，地擇以雙鳳朝陽之基，斯時英名四佈。俟至民國乙丑年，鄰郡東港，風聞及此，乃親趨廟，迎之為醫。求者無不一事百成，誠有起死回生之法，改禍造福之術。因之郡民東延西逗，忘於歸趙，已則建立東隆宮，璧合琉球共尊合奉。而迎回琉球島以三年而事一省視，歷屆於今。

因鑑諸民全賴其佑，居此斗室之廟，定有失宏宏之威。故諸民詢謀眾議，或捐金而資助，或畫策而圖成。俾廟貌之克新，供萬民之永敬。際在烏鵲南飛，方下梧桐之葉；銀蟾夜皎，平移桂樹之輪。集全力而興建，成全功而達望。萬民不惜餘力，眾志誠可成城。一策之百籌，呈現今朝宏堂。千誠百敬，聊表萬載之馨香。一心十虔，道哉。黎民之永沾，書歷碑銘，謹以為欽。

中華民國卅七年歲次戊子吉旦

本廟坐向：坐坤向艮兼申寅二分

竣工入廟：民國卅七年戊子十一月十六日鎮座

2. 新〈三隆宮碑誌〉

壽峯聳峙，鳳巒來儀於左腋；大武蜿蟠，鷲岡迴顧於右肱，成觭角弼輔之勝者，琉球嶼形勢之重也；而扼高屏、東港、林溪三流之口，擁眾派奔朝，成雙鳳朝陽之吉穴者，三隆宮奠勢之雄也。日則浮光耀彩，船檣往來，萬千毫光，氣蒸斗天；夜則彼岸燈炬、萬盞輝煌、星空熠燦、每疑海蜃；向則坐坤申而朝艮寅，此三府千歲坐鎮鯤南海嶼、神威赫灼遠播，而萬民足以千秋憑恃之基也。

茲據台灣省文獻記載，王爺相傳有三百六十位，一百三十二姓，臺地王爺共計九十八姓，習以合祀王爺尊數，稱其宮諱。本宮係敬祀五府千歲李、池、吳、朱、范五王之中，二王池府千歲諱夢彪，三王吳府千歲諱孝寬，四王朱府千歲諱叔裕，故稱三隆宮。

古閩史貽輝先生五府千歲傳略及史載：隋末煬帝荒縱，苛斂無道、烽火遍地、民不堪命。五府千歲忠義干雲，結生死之交，之後相率

追隨唐高祖李淵，鎮守土門，歷平流寇、征伐吐谷渾。以功業彪炳，李公晉爵武陽公。池公授宣威將軍，累擢定襄都督。吳公為壯武將軍，累遷朔州都督。朱公，先後出任綿州刺史、大理寺卿。〔註34〕池公，沉毅剛正，洞悉韜略、勇冠三軍、治軍有方。吳公，走列秋霜，嫉惡如仇、嫻熟輿地、善占星緯，軍閒教民鑿渠飲水，墾地農作，時人贊曰：「兩眼看天，一心穿地。」感戴甚深。朱公，長於吏治，掌刑辟，辨是非，善決獄，執法森嚴。西京雜記盛謂朱公，有心如鏡，照人肺腑，邪佞無所遁形。諸公貞亮忠蓋，「生而為英，昇化為神。」其風範圭臬，深植人心。民間追祀，上天感恪，誥封顯秩「代天巡狩」德披鯤島八荒。

清朝乾隆初年，閩省鯉城上詩穎川族陳君明山來台拓墾。彼時鯤島荒榛未啟，惡山窮水，險巇不測。陳君攜池、朱、吳三府千歲香火，一路自閩而來，蒙神庇護，歷險如夷，終抵鯤島海南之本島，拓展繁衍。感荷神恩，遂立草廟於碧雲寺北側山坳。自是神靈赫赫，顯如電應，卜吉、問疾、禱求者盈庭，有求必應，語不虛稱。迨至乾隆乙巳年，諸民為謀俎豆千秋之業，遂於現址雙鳳朝陽之基，改建瓦廟。斯時顯靈益赫，事求、禳災，絡繹於途，聲威遠播。鄰郡東港耆老，風聞及此，親詣本宮迎請。行醫、逐祟、平妖、造福，郡民東延西逗，英明四佈，竟忘於歸趙。三年一度鄉民亦至東港迎駕，聯合舉辦巡狩大典，及至彼郡興築東隆宮，金尊始迎回本宮奉敬。彼郡群民感荷，遂恭塑池府千歲聖尊永奠於東隆宮，本宮亦恭奉溫府千歲聖像，以為兩地往昔璧和美談，永留憑稽。本鄉自伊始獨自迎王，舉行巡狩盛典。

民國三十七年歲次戊子，以禱應日夥，斗廟有失宏威，眾議再新廟宇，於該年十一月十三日晉廟安座。其格局為燕脊三門歇山式建構，並增築兩廂，曾有群魚入港、漁村富「饒」、大有之兆。民國七十一年拓填廟庭及增塑吳、朱府千歲金身，使三王府更具應有之規模。以王爺迭獲上天誥旨，應增築凌霄寶殿，兼以舊廟歷五十餘年，日久隙漏，不易翻脩，遂於民國八十九年農曆十一月十四日拆建增制，

───────────────

〔註34〕〈三隆宮碑誌〉的五府千歲傳略及史載，未記載「范公」。

於民國九十二年八月廿四日安座大典。前殿為三隆宮，後殿為普生院、凌霄寶殿，增塑佛、道二教聖尊。宮成金碧輝煌，雄踞名山，威震瀛海，堪謂獨步南台。其石材、木刻徵自大陸，鏤刻細緻，動態栩栩、嘆為觀止。尤以本宮所有對聯，均全國書法名家首選名筆，機緣殊勝，價值連城，十分珍貴。

以本宮工程之浩大，竟能於二年餘日完成，執事者殫精竭慮、無私無我、合作無間；鄉親善信竭誠輸捐，貢獻智慧；兩岸汗工巧匠精心構塑、殊為可欽可佩，故於凌霄寶殿上樑之際，本鄉再兆「鐃」魚之應，神奇至極，信必眾志成城，感恪上蒼及諸界神佛，共沾永世神庥。

歲在癸未壯月許春發作記琉球陳榮富敬書，中華民國九十二年歲次癸未年桂月吉旦

（二）難以解讀的文意

民國 37 年（1948）舊三隆宮重建完成，所銘舊碑文有一段小琉球與東港之間的文意難以解讀，舊〈三隆宮碑銘〉：

> 迨至乾隆乙巳年間，諸民感其英靈而為永奠之業，即改建以瓦廟。觀而事久，地擇以雙鳳朝陽之基，斯時英名四佈。俟至民國乙丑年，鄰郡東港，風聞及此，乃親趨廟，迎之為醫。求者無不一事百成，誠有起死回生之法，改禍造福之術。因之郡民東延西逗，忘於歸趙，已則建立東隆宮，璧合琉球共尊合奉。而迎回琉球島以三年而事一省視，歷屆於今。〔註35〕

上述引文中的「已則建立東隆宮，璧合琉球共尊合奉。而迎回琉球島以三年而事一省視。」這一段最難以理解。至目前有鄭華陽編著《字繪琉嶼——琉球信仰側記》提出兩點問題：

> 第一：「則建立東隆宮璧合琉球共尊合奉」此段與現情不符。今址東隆宮最遲是在清光緒 17 年（1891）建成，而溫府千歲最初在鹽埔興基，傳聞溯至康熙年所以「則建立東隆宮，璧合琉球共尊合奉」與諸說出入甚大。第二：「民國乙丑年」，恰是琉球退出東港迎王之季，既然自民國 14 年（1925）不再參與東港迎王，如何能「親

〔註35〕摘錄自〈三隆宮碑銘〉，資料來源：筆者田野調查，地點：屏東縣琉球鄉三隆宮，日期：2019 年 1 月 2 日。

趨廟迎之……以三年而事一省視。〔註36〕

這段難解的碑文，鄭華陽的解讀認為：清末同治、光緒年間，小琉球三府千歲的威靈遠播，鄰郡的東港時常有信徒前來求助，此時恰逢東隆宮重建，琉球鄉親亦協力參與，因三府千歲早先已在東港聲譽顯隆，所以兩地主事便商議，由琉球鄉親奉請三隆宮三府千歲至東港共同參與迎王，列為東港七角頭之一，直至日大正14年（1925）乙丑科，兩地雖然分道揚鑣但仍互贈主神，彼此崇奉至今。〔註37〕

鄭華陽認為在清末同治、光緒年間，恰逢東隆宮重建，小琉球協力參與，才加入東港迎王，列為七角頭之一。然而據《重修屏東縣志》記載：「清咸豐3年（1853）起，小琉球三隆宮已參加東港東隆宮迎王。」〔註38〕所以小琉球三隆宮參加東港迎王的年代，是否在清同治（1862～1874）與光緒（1875～1908）年間，需商榷。

相關三隆宮舊碑文這段難解的碑文，到了民國92年（2003）三隆宮的新碑文，其內容為何：

> 迨至乾隆乙巳年，諸民為謀俎豆千秋之業，遂於現址雙鳳朝陽之基，改建瓦廟。斯時顯靈益赫，事求、禳災，絡繹於途，聲威遠播。鄰郡東港耆老，風聞及此，親詣本宮迎請。行醫、逐祟、平妖、造福，郡民東延西逗，英明四佈，竟忘於歸趙。三年一度鄉民亦至東港迎駕，聯合舉辦巡狩大典，及至彼郡興築東隆宮，金尊始迎回本宮奉敬。彼郡群民感荷，遂恭塑池府千歲聖尊永奠於東隆宮，本宮亦恭奉溫府千歲聖像，以為兩地往昔璧和美談，永留憑稽。本鄉自伊始獨自迎王，舉行巡狩盛典。

民國92年（2003）新碑文記載：三隆宮池府千歲，被延請至東港濟世，留奉東港東隆宮。每當三年一度東港東隆宮迎王，小琉球鄉民前往東隆宮親迎池府千歲，聯合舉辦巡狩大典。直至東隆宮廟體興建，池府千歲金身回小琉球三隆宮奉安。之後，兩廟互贈池府千歲、溫府千歲留念。

〔註36〕鄭華陽編著：《字繪琉嶼——琉球信仰側記》（屏東縣：屏東縣立琉球國民中學，2018年10月，初版），頁35。

〔註37〕鄭華陽編著：《字繪琉嶼——琉球信仰側記》（屏東縣：屏東縣立琉球國民中學，2018年10月，初版），頁38。

〔註38〕戴文鋒：《重修屏東縣志·民間信仰》（屏東市：屏東縣政府，2014年11月），頁110。

　　筆者到屏東縣南州鄉巷子內朝清宮親王府，訪談潘海泳（管理委員會連絡人），談論東港迎王祭典，提到小琉球早年參加東港迎王情形，他說：小琉球早年參加東港迎王，在東港迎王慶典結束後，東港東隆宮派出各角頭神轎，陪同三隆宮一起回到小琉球參加一天的島上遶境。〔註39〕換句話說，據三隆宮舊碑文，「東延西逗，忘於歸趨」，有可能是早年池王爺到東港濟事，留在東港東隆宮奉祀。等到東港三年一科迎王結束時，池王爺回到小琉球三隆宮，即所謂「迎回琉球島以三年而事一省視」。

　　雖是從新、舊碑文逐一解讀，其碑文語意不清，讓後輩費疑猜。筆者多次與新碑文作記許春發討論，他說：新碑文是沿舊碑文作記，其內容有的地方確實難理解，自己又不能隨意揣測，更改先賢的記載。〔註40〕

（三）三隆宮的楹聯

　　三隆宮的楹聯，據許春發表示：本宮所有對聯，均全國書法名家首選名筆，機緣殊勝，十分珍貴。因此本書從三隆宮約44對楹聯中，選取30對，以照片呈現，並介紹書寫人的簡歷，如，王北岳、吳平、李國揚、郭春甫、鄭輝雄、林明傳、許朝榮、鄭美香、呂佳玲、莊永固等書法名家。

1. 三隆宮楹聯書法名家簡歷

　　王北岳，據黃勁挺在〈拓墾篆刻天地的園丁──王北岳先生〉介紹：王北岳，本名澤恒，號子蒼。曾得「南越王璽」於市肆，故名其室為「石璽齋」，平日為文、作書、治印，均以「北岳」字行。民國15年（1926）生於河北安縣勝芳鎮。民國38年（1949）來臺，曾任教宜蘭農校。因深知書法與篆刻的承輔關係，他曾說過：「近代成功的印人，幾乎是用刀刻出他們自己書法獨到面貌，如果對書法沒下過工夫，妄言篆刻，無異是削足適履。」〔註41〕王北岳主張書法除了文字傳遞的實用上的功能之外，最重要是在藝術欣賞。

　　吳平（1919～2019），字堪白，浙江餘姚。幼則喜篆刻，父以黃小松、

〔註39〕受訪者：潘海泳（男，管理委員會連絡人），訪談者：黃永財，地點：屏東縣南州朝清宮，日期：2019年6月27日。

〔註40〕受訪者：許春發（男，琉球國中退休老師），訪談者：黃永財，地點：屏東縣琉球鄉碧雲寺，日期：2019年1月30日。

〔註41〕王北岳：《篆刻藝術》（臺北市：漢光文化事業股份有限公司，1987年3月，五版），頁124、125。

陳曼生印譜出示，遂窺篆刻堂奧。弱冠到上海，見鄧散木印作，大為驚喜，後經同鄉施叔范介紹，列於鄧散木門下，印藝大進。民國 38 年（1949）來臺，任職法務部，後服務於故宮博物院，接觸璽印與古器物日多，眼界大開。〔註42〕吳平的四體書皆有所長，篆隸雄厚樸實，楷書潤美，行書大氣。

李國揚（1965～），生於雲林縣，臺東師專畢，屏東師院碩士班，現任教屏東市公館國小教師。師專受教於洪文珍，民國 76 年（1987）起先後隨陳振忠、林天衣學篆刻，並向趙明川、徐照盛、薛志揚等人請益，自此書法、篆刻勤習不輟，理論和創作並行。〔註43〕曾多次擔任臺東美展書法篆刻類評審以及屏東縣多項書法競賽的評審，是屏東縣書法界傑出後起之秀。

郭春甫（1947～），生於臺南市歸仁區，自幼隨名家研習書畫，旁涉鑑賞。二十歲以前師承康祿新、潘舉、趙讚臣等。後來又追隨張穀年、陳其銓、施孟宏、王愷和、謝宗安鑽研各體書法及山水人物。復得王壯為、吳平指導，融合貫通境界更為提升，蔚成自家面目。現為高雄市美術館典藏委員、高雄市中正文化中心評審委員。〔註44〕

鄭輝雄（1961～），民國 66 年（1977）書法由莊永固啟蒙，其間受教於郭春甫、杜忠誥、陳其銓、呂佛庭等。書法初習賈景德、周鈞亭的顏體，再學歐陽洵、褚遂良楷書，再轉習趙孟頫行草書，於行草中體悟書法用筆筆勢最多。〔註45〕

林明傳（1960～），生於高雄市，高雄工專畢，任職高雄煉油廠。作品曾獲高雄市美展第 9、10、11 屆書法第一名，臺北市美展第 17 第三名，18 屆第二名，華視金鵝獎第一名。〔註46〕許朝榮（1958～），國立藝專美工科畢，作品曾入選全國美展，高雄市美展第三名，全省國語文競賽、金輪獎等多項獎項。〔註47〕

〔註42〕劉江：《中國印章藝術史》（杭州市：西泠印社出版社，2005 年 10 月），頁 555。

〔註43〕黃冬富：《臺灣美術地方發展史全集》（屏東地區）（臺北市：日創社文化事業有限公司，2005 年 6 月），頁 187、188。

〔註44〕洪根深、朱能榮：《臺灣美術地方發展史全集》（上）（高雄地區）（臺北市：日創社文化事業有限公司，2004 年 12 月），頁 178、179。

〔註45〕洪根深、朱能榮：《臺灣美術地方發展史全集》（下）（高雄地區）（臺北市：日創社文化事業有限公司，2004 年 12 月），頁 323。

〔註46〕洪根深、朱能榮：《臺灣美術地方發展史全集》（下）（高雄地區）（臺北市：日創社文化事業有限公司，2004 年 12 月），頁 322。

〔註47〕洪根深、朱能榮：《臺灣美術地方發展史全集》（下）（高雄地區）（臺北市：

　　鄭美香（1960～），現任職中華電信。西元 2013 年，在北京舉辦兩岸情中國夢，南臺灣書畫作品展邀請展，西元 2010 年，在高雄市岡山文化中心，鳳邑鳳華 3，東方墨韻之傳續邀請展。〔註 48〕呂佳玲（1978～），高雄師範大學國文學系書法教學碩士班畢，延墨書會會員。第 15 屆金鴻獎全國書法比賽社會組第一名，第 20 屆金鵝獎書法比賽社會組金鵝獎。〔註 49〕

　　莊永固（1952～），東方工專美工科畢。善書行草，其書法作品曾獲「全省美展」書法永久免審查。西元 1985 年、1986 年、1988 年公教書法展第一名。曾獲頒高雄市文藝獎章，並擔任多縣市地方美展的評審。

　　2. 三隆宮楹聯的美學藝術作品

表 4-6：三隆宮的楹聯一覽表

楹聯文字	楹 聯 圖 示	楹聯撰、書者	楹聯位置
三王奕赫勝蹟英風昭宇宙　隆宮輝煌武功文治伏鯨鯢		許春發 撰　王北岳 書	正殿排樓柱

　　　　日創社文化事業有限公司，2004 年 12 月），頁 322。

〔註48〕陳英梅、張菁玲、吳佳源編輯：《書法象線》（高雄市：高雄市政府文化局，2014 年 2 月），頁 90。

〔註49〕陳英梅、張菁玲、吳佳源編輯：《書法象線》（高雄市：高雄市政府文化局，2014 年 2 月），頁 92。

正殿正門	許春發 撰句 吳平堪白 敬書		三府稱王南面號令威攝遠 隆恩賜誥奕朝巡察功閭高
正殿龍邊偏門（境主公）	許春發 撰 李國揚 書		境扼南屏朝嵐麗日山獨嶠 主扶海島妙景海風鳳雙棲
正殿虎邊偏門（福德正神）	吳威儀		福佑生民閩客咸尊鬚髯老 德沾華夏古今不替社稷祇

照看牆平柱	陳榮富 撰 郭春甫 書		三王新壇神威顯赫昭千古 隆興舊址聖德廣被惠兆民
龍廳廳門（中軍府）	許春發 撰 鄭輝雄 書		中以制偏王誥先達宣教化 軍能攘患金甌永固掃妖氣
龍廳照看牆平柱	許春發 撰 林埜鍟 書		府亭草香菊風籬月皆化物 霞海波澈洄潮靄日正桃源

虎廳廳門（水仙王）	陳榮富　撰書	 	水德長流基奠九州垂萬世 仙澤廣被統承二帝濟蒼生
虎廳照看牆平柱	許春發　撰 林明傳　敬書	 	水患既平九州笙簧登衽席 仙施無遠萬事蘋藻拜丹墀
正殿照看牆門柱	琉嶼　陳榮富　敬撰並書	 	三王鎮琉嶼南巡北狩帡幪疆土 隆殿朝東津扶正辟邪沛澤蒼生

龍虎廳照看牆門柱	許春發　撰 許增昌　書		三王堂皇靈光炯炯輝海日 府殿颯爽王道昭昭薄雲天
正殿內前金柱	郭春甫　撰書		三千世界聚三素雲道登三摩地 隆化神床興隆德雨功著隆慶天
正殿內後金柱	陳榮富　撰 郭春甫　敬書		三光廣被護民有道群黎同吉慶 隆德恒昭濟世無涯萬物盡霑恩

三府千歲神龕門柱	癸未年花月　陳榮富　敬撰　　　　　郭春甫　恭書		三令冥陽斷惡修真怒目金剛座隆興邦字摧邪輔正慈心大法王
正偏殿隔牆門柱	陳榮富　敬撰　　　郭春甫　書		三王匡漢助中興世代香煙罔替千歲濟唐平叛逆黎庶俎豆常新
正偏殿中間金柱	陳榮富　撰　　　郭春甫　敬書		代佈皇恩間審陰陽匡正軌隆申天衛巡狩南北醒迷津

正偏殿中間金柱	癸未之夏　陳榮富　敬撰並書		三世如因如果莫言善惡無還報 王法有賞有罰可証是非有範疇
殿內楹柱	陳榮富　撰 郭春甫　敬書		三府神恩浩蕩百年來永麻琉嶼 隆宮聖德崔巍千里外長護海民
弼馬官神鑫門柱	許朝榮　敬書		弼佐腳力奮迅千里馳雷電 馬驤股肱巡察四方待坐騎

弼馬官殿內平柱	許春發 敬撰 鄭美香 書		弼良摘奸供馳驅荒陬海澨 馬左攬轡頒諟諶天上人間
城隍爺神龕門柱	張國清 敬書		城察審周獎善摯惡心為稱 隍守堅固珚戈耀日島揚靈
城隍爺殿內平柱	呂佳玲		舉念有神知善惡正邪能立判 照人如鏡明吉凶禍福總無私

三王鎮南疆恩沾群黎安寧千載 隆殿昭海國功列萬古勝概一方			轅門正中
東日騰輝赫赫靈光昭海國 西霞耀彩巍巍戊德翊神州			轅門外側
南天景瑰紫霞煥出王府殿 北海波穩威德馳名千歲恩			轅門正中

帝輿環抱明珠普照瞻三界 藏理妙深飛錫遍游度十方		束津李高源撰	地藏王菩薩
地藏執杖三界順權教 菩薩持珠十方放毫光			地藏王菩薩神龕
玉光載德尊稱無極居聖世 皇攝諸神至上元穹挽群黎		李高源先生 撰 莊永固 敬書	凌霄寶殿正門

玉闕坐拱萬天尊聖生 皇思愷澤四季佩禎祥			凌霄寶殿神龕
三綱君子道有容 王者聖人心無為			正殿神龕

表格中圖片來源：【黃永財、謝沛蓁拍攝：2019/4/5～2019/9/13】

二、三隆宮老池王的神像漂流傳說

　　臺灣王爺香火的傳說，除了祖先或先民攜來的類型外，其他香火來源大多是「外來」，也就是漂來、撿拾等，雖然前述類型不是王爺廟獨有，但是在王爺廟裡比例是高的。

　　三隆宮的王爺神像，早年傳說種種原因，漂流走失之後被撿拾，先祀後立廟為主神。這種在本地漂流，本地撿拾，臺灣沿海可見。

（一）老池王的神像漂流

　　香火的漂流來源有「水上漂來」、「隨船漂來」。水上漂來的神像，經撿拾

後，一般處理則留祀在家中，或者送往寺廟。當留祀的神明不再被奉祀，移請（偷請）到寺廟，有的直接丟棄路邊或水溝、小河、海邊等，之後經人發現請到寺廟安奉，廟方通常將這類的神像集中一處奉祀（偏殿），一般稱為「落難」神明。如，高雄市林園區中汕里占岸路 1 之 2 號路口，有一間鐵皮屋搭建的「港口宮」。據一位老太太（港口宮負責人）說：港口宮奉祀的神明，是在近四十年前大家樂簽賭「走路」（躲債）者所丟的，從港口漂流到岸邊由她撈起，神像有斷手或破損，有很多尊，確實數字她已忘了。〔註50〕不過神像原由是否如老太太所說，不得而知，民國 70 年代，大家樂瘋狂簽賭是有的，不靈驗的神明遭丟棄是有耳聞。

「水上漂來型」的神像，有可能從內地漂游到臺灣沿海，也有可能在臺灣本島被信徒遺失（丟棄）後，漂游到海中或海邊，後來被撿拾。另有因水災，或靠沿海的寺廟，作大水及海浪侵患，沖毀廟宇遷移他處。如高雄市大樹區崑崙宮〔註51〕，主祀池府千歲，居民原居屏東縣九如鄉與高屏溪交界的竹圍，因為屏東縣高樹作堤防，一直作到里港，竹圍反而作大水，作了十幾年，田園都流失，居民遂移居麻竹園，庄民保護池王係由一開墾麻竹園的人（人稱田主公）揹過來奉祀。〔註52〕

傳說早年小琉球三隆宮池王爺〔註53〕非常靈驗，常到境內、外濟世，漂流而走失。其傳說一是：老池王被東港信徒請過去，因為東港作大水，神像被大水沖流走。二是：老池王出外辦事（濟事），信徒將神像放在樹蔭下，適逢作大水，大水急流將神像沖走漂流。

池王爺神像被大水沖流走失，是小琉球老輩共同的說法，但是在何時、何處沖流走失，說法多種，無法考證。小琉球作家黃慶祥在《古典小琉球》說：

〔註50〕受訪者：老太太（港口宮負責人），訪談者：黃永財，地點：高雄市林園區港口宮，日期：2019 年 2 月 13 日。

〔註51〕崑崙宮，又稱「麻竹園崑崙宮」，位於高雄市大樹區興田路 122 之 2 號（廟體左側緊鄰佛光山入口處旁），主祀池府千歲，池王爺據傳成神與瘟疫有關。明末清初，由徐先祖（田主公）護靈金身渡臺，定居麻竹園大旗尾仔，拓荒耕田，直至田主公往生後，繼由佃農奉迎至竹圍仔庄，全庄民國 9 年（1920）遭天災，被洪流沖失，庄民受王爺庇佑平安回麻竹園。受訪者：李女士（廟務員），訪談者：黃永財，地點：高雄市大樹區崑崙宮，日期：2019 年 6 月 24 日。

〔註52〕林美容：《高雄縣民間信仰》（高雄縣：高雄縣政府 1997 年 4 月），頁 322。

〔註53〕本書配合廟方習慣稱呼，以老池王、池王爺、池府千歲稱之。

　　因其靈驗的聲名大噪，某乩童因帶著神明（正開基王爺）到本島各
　　地去做「先生」，幫別人看日、看風水、解決各種疑難問題以賺取紅
　　包。但有次該乩童為了逃避生番出草（有人說是為了方便），匆忙之
　　間，便把神明暫藏在苦林盤樹林底下，沒想到溪水暴漲，把神像沖
　　走了。〔註54〕

傳說漂流走失的池王爺是三隆宮最早開基神像，但至今無從考證。而王爺到
本島各地去辦事，逃避生番出草，據小琉球耆老說，似乎較不可能，因為王
爺出門（離開小琉球）通常到東港地區濟事。

　　三隆宮池王爺漂流走失後，被撿拾而奉祀，然而不知歷經多少歲月，
小琉球三隆宮才得知，前往尋訪。三隆宮如何得知，經訪談小琉球地方耆
老，有眾多不同的說法，而黃清山的說法，比較接近高雄市旗津區「福壽
宮」所說的。黃清山說：老池王漂流走後，由高雄市左營區下蚵寮蔡家捕
漁撿拾，帶回奉祀。之後，在奉祀期間，老池王坐上四駕上神靈扶駕，常
從高雄往屏東方向衝，經請示後，才知道老池王是小琉球三隆宮早期漂流
的神像。〔註55〕

　　高雄市旗津區福壽宮執行長蔡人寶，是撿拾三隆宮老池王神像漁民蔡
鎮的玄孫。筆者訪談蔡人寶，他說：老池王神靈扶駕，確實曾經前往三隆宮
指示，祂的神像（金身）目前在高雄市旗津區福壽宮。〔註56〕【圖4-20、
圖4-21】

　　三隆宮經池王爺指示後，到高雄市旗津區福壽宮尋訪，開始展開「認親」
（指認池王爺的神像），與福壽宮互動。蔡人寶又說：三隆宮到福壽宮認親大
約在五十多年前就有，那時他還小，但是依然記得很清楚。〔註57〕

〔註54〕黃慶祥：《古典小琉球》（屏東縣：黃慶祥發行，2008年10月，初版），頁
　　　　65。
〔註55〕受訪者：黃清山（男，碧雲寺義工），訪談者：黃永財，地點：屏東縣琉球鄉
　　　　碧雲寺，日期：2019年4月5日。
〔註56〕受訪者：蔡人寶（男，福壽宮執行長），訪談者：黃永財，地點：高雄市旗津
　　　　區福壽宮，日期：2019年4月6日。
〔註57〕蔡人寶，民國47年（1958）生。

圖 4-20：高雄旗津福壽宮池王　　　圖 4-21：高雄旗津福壽宮池工

【黃永財翻攝：2019/3/20】　　　　　【黃永財拍攝：2019/3/20】

（二）奉祀老池王的廟宇

　　三隆宮池王爺漂流到高雄市桃仔園港，現今高雄市左營軍港，下蚵仔寮
一帶，由漁民蔡家捕魚時撿拾而奉祀。起初由蔡家與村民共同奉祀，之後種
種原因，各持池王爺金身及正爐、王印，分散於旗津、左營、右昌和頂蚵仔寮
等地。其分得金身是在高雄市旗津區「福壽宮」。正爐、王印則由高雄市梓官
區「觀海府」持有，後來新雕池府千歲奉祀。

　　「觀海府」，其前身是開基廟「觀海壇」。現今廟址位於高雄市梓官區光
明路 147 巷 92 號，廟體正面向海，與海只有一條道路之隔，海上插著五王
旗。廟體建築，屋頂是北方式，前殿是三川門，兩側護室各開一門，上方建鐘
鼓樓（二重簷），廟埕右側（虎邊）造金爐（二重簷），廟埕寬廣。正殿奉祀主
神池王爺，同祀溫、吳、朱、范稱五府千歲。【圖 4-22】

　　〈觀海府沿革史〉：

　　　觀海府主祀神池府千歲、同祀溫府千歲、吳府千歲、朱府千歲、
　　　范府千歲，統稱「五府千歲」。清乾隆末年（1796），先民蔡法在
　　　打狗山北麓桃子園外海捕魚，竹筏逆潮而上，撒網捕魚之際，竟
　　　能三度撈獲同一神像，實感靈奇，遂置神像於竹筏首處、且滿網
　　　魚群而無法拔網，欣喜之下，將神像帶回置於宅後巷道內，經村
　　　民探聞巷道內為何常有紅光隱現，才覺不敬而奉安於合院尾間厝
　　　內。再經孩童嬉戲將神尊綁在竹椅玩耍之際，神靈顯威，村民接
　　　駕問聖，王爺降諭：「吾乃池府千歲，要在下蚵仔寮莊興基，救世

萬民。」〔註58〕

據〈觀海府沿革史〉記載：觀海壇建於民國 20 年（1931），推派蔡只為爐主、蔡永全為廟公處理廟務。民國 30 年（1941）日治時期，建造海軍軍港，村民分散，由村民蔡王會請池府千歲正爐、蔡毫保存王印，移居頂蚵仔寮等地。臺灣光復，始雕池王爺金身。民國 80 年（1991）提議建廟，觀海壇奉旨升格為觀海府。民國 83 年（1994）五府千歲先行入廟安座，建廟工程持續施工，直至民國 85 年（1996），歷時五年觀海府慶成大典。

圖 4-22：高雄梓官觀海府

【黃永財拍攝：2019/4/1】

「福壽宮」，位於高雄市旗津區旗津三路 954 巷 1 之 1 號。廟體正面向海，鄰近旗津區最繁華熱鬧地帶。廟體建築，屋頂是閩南式，格局是挑高式，前殿是三川門，兩側護室各開一門，上方建鐘鼓樓（二重簷）。正殿奉祀主祀神劉府千歲，同祀池、吳、朱、范稱五府千歲。【圖 4-23】

〈福壽宮廟史〉：

> 清光緒元年（1875），日（據）〔註59〕明治 8 年，八桂中秋，夙夜月色皎潔，秋風瀟颯，正潮汐消長之時，群漁迥聚之候，語雲握時待機，致族人蔡鎮，偕其子蔡順發，依時泛漁舟而捕魚。撒網漁之晷穫（獲），久而起網，網中漂附，狀似木頭之物，時因雲遮月色，未見端詳，隨手棄置。再次下網，然皆木頭，竟能逆流而上，再附網

〔註58〕摘錄自〈觀海府沿革史〉，資料來源：筆者田野調查，地點：高雄市梓官區觀海府，日期：2019 年 4 月 1 日。

〔註59〕清光緒元年（1875），日明治 8 年，並不是「日據」，日據（日治）是 1895～1945 年。

中，時近黎明，曙光乍現，瞪眼可辨，神尊寶相，隨置船頭，攜回家中，棄於塭寮僻壞。經不多時，族中孩童，將木凳倒翻，置神尊於上，仿成人迎神之舉，不意池府千歲，神靈扶駕，數名孩童被撲於地，族人奇之，接手經試，誠如前情，而撲於地。族人知其神威，不敢怠慢，即供案中，召集地方耆老相議，擇日粉飾，金身安奉，擲筊為準，輪作爐主。嗣因神威丕振，德被疆域，……倡議籌資建廟，初創茅茸，蒙玉敕為觀海壇，丹書下詔，御賜劉府千歲為首，李府千歲居次，池遜季方，號稱三王。〔註60〕

據蔡人寶說：日治時期，拆廟毀壇，觀海壇難逃浩劫，竟將池王爺神尊，贈於圍觀族中孩童蔡金輦，經族人藏奉塭寮之中，得以保存。

圖 4-23：高雄旗津福壽宮

【黃永財拍攝：2019/3/20】

民國 30 年（1941）日治時期，建造海軍軍港，蔡氏五房宗親被迫遷移到高雄市旗津區。到旗津分三部落居住：其一是頂赤竹仔（現今上竹里），其二是大汕頭（現今南汕里），其三是沙仔地（現今實踐里）。臺灣光復，迎回池府千歲，民國 35 年（1946）重雕劉府千歲，李府千歲已回天繳旨。〔註61〕

據〈福壽宮廟史〉記載：其因部落有三，神尊只有池、劉府千歲，部落總有一方，未有神尊輪值護持，在族中耆老蔡明舍倡議，前往臺南市南鯤鯓廟分靈吳府千歲。民國 53 年（1964），經宗親商議，興建磚造廟宇，擇吉日時

〔註60〕摘錄自〈福壽宮廟史〉，資料來源：筆者田野調查，地點：高雄市旗津區福壽宮，日期：2019 年 3 月 20 日。

〔註61〕受訪者：蔡人寶（男，福壽宮執行長），訪談者：黃永財，地點：高雄市旗津區福壽宮，日期：2019 年 4 月 6 日。

入火安座，玉敕為「福壽宮」。之後又有朱、范府千歲來輔，形成劉、池、吳、朱、范，稱五府千歲〔註62〕。民國64年（1975），配合海軍擴建，遷村龍海社區，福壽宮遷移現址，民國78年（1989）搭設臨時行宮奉祀，成立重建委員會，民國85年（1996）竣工，並行入火慶成安座大典。

（三）觀海府與福壽宮的碑文記載各自表述

觀海府與福壽宮碑文記載，相關撿拾池王爺年代及撿拾者名字有異。觀海府碑文（民國85年［1996］立）記載：清乾隆末年（1796）由蔡法撿拾。福壽宮碑文（民國105年［2016］立）記載：清光緒元年（1875），蔡鎮偕其子蔡順發撿拾。兩廟記載的年代不同，時間相差79年，撿拾者名字也不同。

觀海府碑文記載撿拾池王爺年代問題，可從高雄市梓官區蚵子寮「通安宮」瞭解。「通安宮」，奉祀的廣澤尊王，清同治8年（1869），由曾綽、曾清秀在桃仔園海上捕魚，發現神像撿拾回來奉祀。〔註63〕地方人們說：通安宮廣澤尊王是地方上的公廟，比觀海府的池王爺還要早撿拾神像。由此看出，觀海府碑文記載（清乾隆末年［1796]）的年代須商榷。

撿拾者名字有異，據福壽宮蔡人寶表示：觀海府的蔡法是蔡順發，地方人們叫阿「發」，誤將「發」當做「法」，在戶籍是蔡順發，所以觀海府是有誤。蔡順發是我的阿祖，阿祖生五個兒子，阿公生五個兒子，蔡家到了這一代奉祀老池王是我負責，目前福壽宮大小事項由我執行。〔註64〕

另外，發現一個現象，同在高雄市梓官區的廟宇，廟史沿革的故事傳說情節卻有雷同之處：

1. 〈觀海府沿革史〉：先民蔡法在打狗山北麓「桃子園」外海捕魚，竹筏逆潮而上，撒網捕魚之際，竟能「三度」撈獲同一神像，將神像帶回置於宅後巷道內，「孩童嬉戲將神尊綁在竹椅玩耍」之際，神靈顯威。

2. 〈赤慈宮碑記沿革〉：其聖像距今逾百六十年，先民林回大海墾漁而

〔註62〕福壽宮原李府千歲已回天繳旨，目前五府千歲：劉、池、吳、朱、范。劉府千歲居中主位。

〔註63〕摘錄自〈蚵子寮通安宮重建竣工碑記〉，資料來源：筆者田野調查，地點：高雄市梓官區通安宮，日期：2019年4月1日。

〔註64〕受訪者：蔡人寶（男，福壽宮執行長），訪談者：黃永財，地點：高雄市旗津區福壽宮，日期：2019年4月28日。

得，「三棄而不捨，玩童嬉而靈」，顯諭湄洲朝天閣聖妃以示眾，境民昭謝神恩，即擇地奉祀。〔註65〕

3.〈蚵子寮通安宮重建竣工碑記〉：莊民曾綽、曾清秀父子兩人，駕竹筏到「桃仔園」海上捕魚，發現尊王的聖像在水面漂泊，拾獲金身迎回。

上述，同位於梓官區，其廟宇的故事傳說情節，雷同之處有：「桃仔園；三度撈獲同一神像；孩童嬉戲神尊。」然而已遷離梓官區的福壽宮，其故事傳說情節不脫於孩童嬉戲神尊，如「族中孩童，將木凳倒翻，置神尊於上，仿成人迎神之舉」。

神像撿拾後被孩童嬉戲之外，另有香柴一塊被牧童嬉戲，出現神奇靈現。如澎湖縣湖西鄉鳳凰殿的萬府王爺，相傳在五百年前澎湖島林投村社後的蓮花山中有香柴一塊，屢被牧童做馬騎當椅坐，其牧童若在此玩褻，回去後就發病，而牧童的父母若到該處祈求，病癒。又如船隻迷失航路，香柴發出毫光指引航路，該鄉鄉民將香柴雕成神像立廟奉祀。〔註66〕

香火作為神明的象徵，有不同來源的形式，據相關的傳說，其類型有：祖先與先民攜來、漂來王船、水上漂來、代天巡狩、分靈、撿拾（香火袋、神像或聖物）、神明指示與神蹟顯化、商人（旅客）攜來類型、神明邀約或其他等類型。〔註67〕

三、三隆宮老池王的神像事蹟

老池王漂流被撿拾奉祀立廟，三隆宮早年主事想迎回小琉球，當然不被對方接受，所以傳說三隆宮使出一招要讓老池王回到小琉球。因此筆者訪談廟方主事及小琉球地方耆老，敘述傳說情節。

三隆宮的老池王，據說顯靈益赫，事求、禳災、行醫、逐祟、平妖、造福，絡繹於途，聲威遠播。傳說挖池王爺神像（金身）木屑做藥引，可治病，所以長年下來，老池王神像底座受損，因此福壽宮進行補救。

三隆宮、福壽宮兩廟的互動，就是讓老池王能夠回到小琉球「走走」

〔註65〕赤慈宮，位於高雄市梓官區赤東里赤崁南路72巷12號，主祀天上聖母。資料來源：筆者田野調查，地點：高雄市梓官區赤慈宮，日期：2019年10月12日。
〔註66〕鄭志明：《臺灣神明的由來》（臺北市：中華大道文化事業出版部，2001年9月，初版），頁305、306。
〔註67〕洪瑩發：《代天宣化：臺灣王爺信仰與傳說》（新北市：博揚文化事業有限公司，2017年9月，初版），頁376。

（遶境小琉球全境），然而雙方主事人員多次協調，也釋出誠意，看似水到渠成，但還是機緣尚未到來。

（一）神像掉包傳說

小琉球三隆宮得知老池王漂流被撿拾後，奉祀在高雄市旗津區福壽宮，開始與福壽宮連絡，前往拜訪，兩廟互有往來。三隆宮想要回老池王，但又苦無證據，可證明福壽宮的老池王就是三隆宮早年漂流走失的神尊。傳說，三隆宮早期主事人員想要回老池王回到小琉球，使用一招「偷換神明」之計。

據小琉球老輩說：有一年（時間難考證），三隆宮將池王爺分身神像，帶往旗津區福壽宮，意圖偷換福壽宮老池王。傳說福壽宮老池王曾託夢給三隆宮主事人員，說祂的臉部有一黑點（未說在臉部何處）。當三隆宮前往福壽宮時，故意將池王爺分身神像，放在福壽宮老池王旁。雙方互動交流後，三隆宮準備要回去小琉球，正當要請回神尊時，有一隻蒼蠅正好停在三隆宮池王爺分身臉上。負責請神尊的人，誤以為臉上有一黑點，就是漂流的老池王，在心虛急忙下，又將原池王爺分身神像請回去小琉球。

這尊準備要去偷換的池王爺，目前是奉祀在三隆宮正殿主神龕內。小琉球老輩說，一切隨老池王意願，也許祂願意留在福壽宮，畢竟他漂流後，由蔡家撿拾後立廟奉祀，不願意棄福壽宮而去，才會有這種天意。

以上是小琉球老輩所講的傳說，是否如上述的傳說之舉？據旗津區福壽宮蔡人寶說：偷換神尊的事情，那時候大概是五十多年前的事，他還小，不過到現在還是記得。蒼蠅停在三隆宮池王爺分身臉上，那是過往的事。雖然三隆宮池王爺分身神像，頭部及帽子與臉部，整體仿照雕成（整座神像都是木雕），然而福壽宮的老池王神像臉部早期曾經粉面（整理），鬍鬚剪短。三隆宮增雕的池王爺，是長鬍鬚的，新舊神像怎麼可能會分辨不出來。老池王剛開始（漂流撿拾後）觀轎不發，經由高雄市梓官區通安宮的廣澤尊王指點，要老池王神像臉部粉面（整理），將鬍鬚剪短，經改頭換面後，非常「興」（靈驗）。〔註68〕

相關蒼蠅停在神像臉部傳說，澎湖也有類似的情形。金恩主是隘門村所供奉神明之一，相當靈驗，保佑村民。某日將神像送往雕刻店剃面（重新整

〔註68〕受訪者：蔡人寶（男，福壽宮執行長），訪談者：黃永財，地點：高雄市旗津區福壽宮，日期：2019年4月6日。

飾）。正巧大倉村也將金恩主，送往相同的店剃面。數日後，隘門村要去請回神像，發生錯誤的選擇。據姜佩君的《澎湖民間傳說》中，「隘門金恩主傳奇」：

> 傳說隘門的金恩主早就料到有請錯神明的事，所以特地在請回神像的前一晚，托夢給負責的人。叮嚀他明天請神像時，要請左邊嘴角有顆痣的才是本村的神像。隔天，負責人的確有注意神像左邊的嘴角是有痣，但他始終看不到金恩主所說的痣，只看見一隻蒼蠅在神像前時飛時停。奇怪的是它停的時候，總是停在其中一尊金恩主神像的左邊嘴角上，他想應該是這尊。可是，村民卻嫌棄這尊神像比較醜，所以便選擇另一尊漂亮的回去。〔註69〕

隘門村選擇兩尊神像中，較美觀的金恩主回去。結果，由於他們的一念之差，原本據說非常靈驗的金恩主，被大倉村的人請回去，造成日後重大的損失。〔註70〕

（二）神像做藥引靈驗傳說

老池王很興（靈驗），傳說挖神像的木屑可以做藥引。據蔡人寶說，早期撿拾後，信徒就從神像底座挖做藥引。日治時期，因要建造海軍軍港，蔡氏五房宗親被迫遷移到高雄市旗津區。為躲避日本人燒神像，老池王指示，用麵粉袋裝神像，但是頭部要露出，偷偷帶往高雄市旗津區。初到旗津，是到過港隧道前的福興宮（福德正神）奉祀。

到旗津後，地方信徒還是求賜做藥引，並且將藥（中藥）帶到廟裡熬煮，約直到民國100年（2011）才停止做藥引，長期下來，整座神像底座挖空。福壽宮為保存老池王神像，用黃金做底座，保固神像。據廟方表示：老池王底座是黃金12兩、頭冠16兩、金印5兩、金牌10兩，共43兩，約合現金數百萬元。〔註71〕【圖4-24】

頭冠、金牌，慶典時才戴上，為了防竊，裝上保全系統，沒有刷卡進不

〔註69〕姜佩君編著：《澎湖民間傳說》（臺北縣：聖環圖書股份有限公司，1998年6月，一版），頁63、64。

〔註70〕姜佩君編著：《澎湖民間傳說》（臺北縣：聖環圖書股份有限公司，1998年6月，一版），頁63。

〔註71〕受訪者：蔡人寶（男，福壽宮執行長），訪談者：黃永財，地點：高雄市旗津區福壽宮，日期：2019年4月6日。

了最內殿。〔註72〕老池王旁的劉府千歲，據說神像也是被信徒挖去當藥引，底座同樣鑲黃金保固。福壽宮的正殿也是金色神龕。【圖4-25】

　　蔡人寶說，早期老池王神像挖做藥引的神蹟傳說很多，近年來他親自處理過，提出兩則：第一則是他的親三兄蔡文欽，患大腸癌，被醫生診斷後，最多只能活四個月，只好求老池王賜允藥引，將神像請下來，打開黃金底座，挖木屑做藥引，一方面配合看診吃藥，目前身體狀況不錯。第二則是他的堂兄，五年前整個人「黑乾瘦」，身體狀況極差。有一年到臺南麻豆海埔池王府進香，回駕時，堂兄跪在天公爐前，他手捧老池王，將底座置於堂兄頭上，瞬時，堂兄身上感覺有一股熱氣貫入，之後身體漸壯，目前體重逾百公斤。雖然不能再挖神像做藥引，但是將神像底座加持於信徒，有相同神奇力量。〔註73〕

　　筆者在福壽宮殿內進行訪談蔡人寶時，其間在場有前福壽宮主委蔡文欽與管理委員多人，對於老池王的神蹟，眾人隨時都能補上一句，似見證人般。尤以蔡文欽補述最多，敘述老池王神像做藥引的種種神奇，他擔任主委時，老池王神像黃金底座是由他處理的，又加裝全套保全系統。〔註74〕

圖4-24：高雄旗津福壽宮　　　　　圖4-25：高雄旗津福壽宮金色神龕池
　　　　　　　　　　　　　　　　　　　　王黃金底座

【黃永財拍攝：2019/4/6】　　　　　【黃永財拍攝：2019/4/6】

〔註72〕筆者曾由簡玉妮及蔡人寶，分兩次帶領到最內殿觀看老池王、劉府千歲金身。
〔註73〕受訪者：蔡人寶（男，福壽宮執行長），訪談者：黃永財，地點：高雄市旗津區福壽宮，日期：2019年4月28日。
〔註74〕受訪者：蔡文欽（男，福壽宮前主委），訪談者：黃永財，地點：高雄市旗津區福壽宮，日期：2019年4月28日。

（三）神像「回」小琉球參加迎王

小琉球三隆宮與旗津區福壽宮，近年來主事人員有互動。三隆宮總幹事蔡文財與福壽宮執行長蔡人寶等人，曾經洽談福壽宮老池王神尊「回」到小琉球，參加乙未（2015）正科平安祭典迎王。兩廟主事人員表示，在洽談中，解決很多問題。

據三隆宮蔡文財表示：為了表示三隆宮的誠意，願意配合福壽宮所提的事項，不知道為何到了最後，不來了。有可能福壽宮老池王，在旗津分三角頭奉祀（三部落：頂赤竹仔、大汕頭、沙仔地），內部尚未協調好，所以就不來參加小琉球迎王。〔註 75〕

另一方面，據福壽宮蔡人寶表示：民國 104 年（2015），福壽宮與三隆宮曾幾乎談好要參加小琉球迎王，後來因故作罷。其主因之一，三隆宮提供給福壽宮老池王的大轎問題，加上小琉球迎王這段期間，由哪一方出轎班抬老池王的大轎。雙方協調不成之下，福壽宮就不克參加小琉球乙未（2015）正科平安祭典迎王。〔註 76〕

老池王坐神轎問題，據小琉球地方耆老黃清山表示：如果老池王回來參加迎王，在遶境小琉球四角頭（大寮角、天臺角、杉板路角、白沙尾角），可輪流坐上四角頭的福德正神大轎，也就是與角頭的福德正神共乘。例如，遶大寮角，老池王就與大寮角福德正神共乘大轎，同時由該角頭轎班扛大轎，讓小琉球四角頭有機會扛老池王神轎，非常有意義。〔註 77〕

老池王的神像底座鑲黃金，慶典中戴上冠帽、金牌，真的金光閃閃，屆時參加小琉球迎王，少說七天左右，這段期間三隆宮或福壽宮不敢大意。蔡人寶說，如果去小琉球，希望由福壽宮出自己的轎班，另派 10 人專門監看老池王神像，以免出事情。然而三隆宮是地主（主人），為了保護老池王的神像，希望扛老池王的大轎由他們負責。因此神轎與轎班，就是雙方較難協調的問題之一。

三隆宮與福壽宮主事者，雙方展現誠意邀請或參加迎王，可惜最後協調

〔註 75〕受訪者：蔡文財（男，碧雲寺、三隆宮總幹事），訪談者：黃永財，地點：屏東縣琉球鄉碧雲寺，日期：2019 年 3 月 20 日

〔註 76〕受訪者：蔡人寶（男，福壽宮執行長），訪談者：黃永財，地點：高雄市旗津區福壽宮，日期：2019 年 4 月 6 日。

〔註 77〕受訪者：黃清山（男，碧雲寺義工），訪談者：黃永財，地點：屏東縣琉球鄉碧雲寺，日期：2019 年 4 月 5 日。

未能達成共識。不過，福壽宮蔡人寶表示，今年劉府千歲聖誕（民國 108 年〔2019〕國曆 5 月 22 日，農曆 4 月 18 日），福壽宮慶典活動，會邀請三隆宮主事人員等，到旗津福壽宮做客。

農曆 4 月 18 日，旗津福壽宮劉府千歲聖誕日，據三隆宮主委黃文良說：那天（國 108 年〔2019〕）我們去了二十多人（管理委員會總幹事、委員等）。目前雙方還是持續交流，只要兩廟能找到共識的點，將來福壽宮老池王要回到小琉球，據雙方主事人員表示，是有機會的。

第三節　三隆宮迎王祭典的變遷

清咸豐 3 年（1853）起，小琉球三隆宮原本屬東港東隆宮迎王系統，因種種原因，退出東港東隆宮七角頭之一，由東港埔仔角取代。小琉球三隆宮加入東港東隆宮迎王及退出原因傳說眾說紛云。至於退出年代，學者與文獻各有不同的說法及記載。

小琉球三隆宮退出東港東隆宮迎王系統後，轉往臺南南鯤鯓廟進香，其動機與目的，相關研究與筆者訪談調查所得有差異。當小琉球三隆宮選擇遠程的臺南南鯤鯓廟進香時，日治時期報紙報導小琉球三隆宮進香團的陣容盛大。故此，筆者走訪調查，初期到臺南進香漁船停泊處、南鯤鯓廟等地，欲進一步瞭解當年小琉球人們進香時，是否留下歷史痕跡。

小琉球迎王祭典的變遷研究，以參加東港迎王時期、退出東港迎王原因傳說、轉往臺南南鯤鯓廟進香等，為本節探討範圍。

一、參加東港迎王時期

東港東隆宮日治時期以前迎王的角頭組織，東港鎮內以崙仔頂、頂中街、下中街、安海街、頂頭角、下頭角等六個角頭，還加了鎮外的小琉球，成為七角頭合成迎王活動的組織。

屏南地區的東港、小琉球、南州迎王祭典，以東港為核心，小琉球退出東港東隆宮迎王之後，民國 53 年（1964）南州鄉溪州代天府結合鄉內各庄廟，退出東港迎王而自辦迎王祭典。

（一）東港溪流域王船信仰系統

東港溪流域，據伊能嘉矩到東港辦務署調查地方情況，在《臺灣踏查日

記》裡的記載:「在地理上,東港地方也含兩條溪的河口。其　是隘寮溪的下游到東港溪,又稱為東溪,另一是荖濃溪、楠梓仙溪和口社溪匯流後到出海口的下淡水溪,又稱為西溪。」〔註78〕

臺灣王船信仰系統的分類,黃文博在《南瀛王船誌》說:「東港溪是屏東縣境的大河,分布在此溪南北兩岸及其附近的王船庄頭或廟宇所形成的信仰區域,稱做『東港溪流域王船信仰系統』」。〔註79〕分為主系與支系,以東港、小琉球、南州為主系;支系則以恆春和滿州為範圍。

黃文博指出:「此系的諸庄在信仰上是各自獨立,但以東港溪出海口的東港為系統龍頭,在信仰形式與祭典模式,大多以東港東隆宮馬首是瞻,而三地關係早年頗為密切,有相當王船信仰的情緣。」〔註80〕「三地」,指的是東港、小琉球、南州。

屏東地區迎王祭典以地理位置而言,屏南地區的東港、小琉球面向海洋,所以迎、送大科年千歲爺皆在海邊舉行。南州鄉並不靠海,請王地點是在林邊鄉崎峰村海邊舉行。雖是如此,但東港、小琉球、南州被區分為「沿海型迎王」。〔註81〕小琉球也被稱「海島型迎王」。【圖 4-26】

圖 4-26:小琉球戊戌正科中澳沙灘請王(海島型迎王)

【黃永財拍攝:2018/11/12】

〔註78〕伊能嘉矩原著、楊南郡譯註:《臺灣踏查日記》(臺北市:遠流出版事業股份有限公司,1996 年 11 月,初版),頁 423、424。

〔註79〕黃文博:《南瀛王船誌》(臺南縣:臺南縣文化局,2000 年 2 月,初版),頁 25。

〔註80〕黃文博:《南瀛王船誌》(臺南縣:臺南縣文化局,2000 年 2 月,初版),頁 25。

〔註81〕王俊凱:《屏東地區迎王祭典之研究——以下淡水溪和隘寮溪流域為主》(新北市:國立臺北大學民俗藝術研究所碩士論文,2009 年 8 月),頁 89。

東港溪流域迎王主要特色,除定期性王船活動,其名稱有「平安祭典」、「總理制度」,請王後的過火、迎王出巡、遷船遶境、午夜送王等。在王船造形上,東港、小琉球大多數的王船彩繪有魚、蝦、蟹等,有祈魚獲滿載,形成「魚王船」信仰的意涵。

(二)加入東港迎王的傳說

小琉球與東港隔有一海的小島,為何會參加東港迎王祭典,據傳說與一則撿拾漂流木有關。清咸豐年間,東港東隆宮建廟於崙仔頂時,溫王爺化身老者前往福州購買杉木的傳說:

> 有一天王爺化身為一個老人,到福州一家木材行裡,購了大批上等木材,並吩咐老闆將木材每枝都寫上「東港溫記」字樣,然後拋入海中。之後,兩塊木材漂流到小琉球,被撿拾到琉球海灘上,後來被風浪吹落海中,隨風浪漂到東港崙仔頂,被洪姓漁民拾獲。
> 〔註82〕

小琉球與崙仔頂漁民對於木材所屬發生爭議,最後經由協調,將短的木材雕刻東隆宮鎮殿王爺神像,長的做為廟前旗桿〔註83〕,並約定東港三年一次的迎王,小琉球鄉民也送池王爺到東港參加遶境。

另一則傳說,是小琉球的池王爺威靈遠播,東港人請池王爺過去濟事,據〈三隆宮碑誌〉(新碑文)記載:

> 斯時顯靈益赫,事求、禳災,絡繹於途,聲威遠播。鄰郡東港耆老,風聞及此,親詣本宮迎請。行醫、逐祟、平妖、造福,郡民東延西逗,英明四佈,竟忘於歸趙。三年一度鄉民亦至東港迎駕,聯合舉辦巡狩大典,及至彼郡興築東隆宮,金尊始迎回本宮奉敬。〔註84〕

小琉球王爺很興(靈驗),到東港四處「辦事」,因此東港人捨不得王爺回小琉球,請求王爺留下,最後迫於無奈只好留祀在東隆宮。到了三年一科的迎王祭典,小琉球人到東港迎駕(池王爺),參加東港三年一科的巡狩大典(迎王)。

〔註82〕康豹:《臺灣的王爺信仰》(臺北市:商鼎文化出版社,1998年10月,第一版),頁194、195。

〔註83〕旗桿據說因年久腐朽,已拆除,現今的旗桿是水泥建造。資料來源:筆者田野調查,地點:屏東縣東港鎮東隆宮,日期:2019年6月2日。

〔註84〕摘錄自〈三隆宮碑誌〉(新碑文),資料來源:筆者田野調查,地點:屏東縣琉球鄉三隆宮,日期:2019年1月2日。

小琉球參加東港迎王，應該與東港、小琉球兩地人民的移居及經濟生活上有關係。「移居」方面，據《臺海使槎錄》卷七〈番俗六考〉南路鳳山番，記述康熙末年的情況：「小琉球社對東港，地廣約二十餘里；久無番，社餉同……卑南覓，皆邑令代輸。山多林木，採薪者乘小艇登岸；水深難於維繫，將舟牽拽岸上，結寮而居。」〔註85〕又據伊能嘉矩的《臺灣文化志》記載：「其漢民移住之可徵史蹟，起源自清代有臺以後，在東港之閩屬（泉人）乘小舟往來，致於在北方之白沙尾澳結草寮定居。」〔註86〕

「經濟」生活上，據伊能嘉矩在《臺灣踏查日記》裡的記載：「島上住民以捕魚為主要生計，也兼做農業。至於農業，只有分布於各地的少許水田和旱田，水田共十二甲三分四厘，旱田共十一甲一分三厘，收穫量分別是二四七石及一一六石而已。不足的米糧要仰賴東港供應，但是東港住民所需要的海產物，則要靠小琉球供應。島民種植蕃薯、落花生為主食，蔬菜也要從東港運來。」〔註87〕小琉球由於民生物質都得從東港輸入，而捕魚的收入又不穩定，導致鄉人在平時的生活非常節儉。〔註88〕

東港人早年到小琉球北方的白沙尾澳結草寮定居；小琉球人也移居東港，尤以埔仔角為最多。對於小琉球參加東港迎王，除了撿拾漂流木神話之外，兩地人民移居及經濟生活上的密切相依，應當是有關係的。

（三）小琉球退出，埔仔角頂替

小琉球三隆宮退出東港東隆宮迎王系統，是在何年退出，據戴文鋒的《重修屏東縣志・民間信仰》記載：

> 依當地文史工作者陳進成的看法應是日大正 14 年（1925），因為埔仔角開基轎班爐，上書「歲次乙丑年、東隆宮溫府千歲」字樣，乙丑年即 1925 年，由於小琉球放棄參與東港迎王，埔仔角人士陳助得知，立即自頂中街獨立出來。另成立祭祀角頭參與祭典，並請在

〔註85〕清・黃叔璥：《臺海使槎錄（四）》（臺北市：成文出版社有限公司，1983 年 3 月，臺一版），頁 149。

〔註86〕伊能嘉矩：《臺灣文化志》下卷（臺中市：臺灣省文獻委員會，1991 年 6 月），頁 186。

〔註87〕伊能嘉矩原著、楊南郡譯註：《臺灣踏查日記》（臺北市：遠流出版事業股份有限公司，1996 年 11 月，初版），頁 440。

〔註88〕吳福蓮：《小琉球的婦女生活研究》（臺北市：臺灣省立博物館，1993 年 7 月，初版），頁 69。

地製錫師傅打製開基轎班爐。這是很有說服力的論點。〔註89〕

小琉球退出東港迎王系統的年代，據東港文史工作者陳進成看法，應是日大正14年（1925）。同時據未出版的《三隆宮廟誌》記載：民國14年（1925），己丑科迎王因風浪受阻，未能參加，退出。〔註90〕

　　相關小琉球三隆宮於何年退出東港東隆宮迎王系統，至目前研究學者眾說不一，如李豐楙的《東港王船祭》：「小琉球的鄉民送三千歲（池王爺）前來參加遶境，由東港提供膳宿。據說同治前、光復前均沿此習慣〔註91〕，光復後也仍有陣頭前來參與，約有三、四科，後來就以渡海不安全為由不再參與，而自行舉辦迎王祭典。」〔註92〕據前述，臺灣光復後，約四科尚有陣頭參加東港東隆宮迎王，如依李豐楙的說法，照推算最遲應在民國47年（1958），小琉球三隆宮退出東港東隆宮迎王系統。

　　康豹的《臺灣的王爺信仰》：「小琉球到了民國50年代一直屬於東港東隆宮的祭祀範圍。」〔註93〕康豹所指的祭祀範圍，可能小琉球三隆宮在民國74年（1985）以前，尚未建造王船，所以小琉球自辦迎王日期都在東港東隆宮之前，將虛無而想像的「瘟王」送到東港後，由東港東隆宮的「溫王」接領，再乘座東港東隆宮的王船，一同遊天河，回報天庭。

　　《臺灣地名辭書》：「就東港的廟事（如迎王）分派上，自民國41年（1952）小琉球退出七角頭的組織後，便由居住較多小琉球人的本區取代，稱『埔仔角』以『鎮靈宮』為本角頭中心廟。」〔註94〕據前述之意，民國41年（1952），小琉球退出，由東港鎮埔仔角的鎮靈宮接替。

　　埔仔角的鎮靈宮，位於屏東縣東港鎮新勝里新基街68號，廟體建築格式是樓閣式。【圖4-27】三樓奉祀主神關聖帝君，二樓靈善堂主神李府千歲，左側神龕則為鳳山寺：廣澤尊王與十三太保。東港鎮靈宮沿革，據碑誌記載：

〔註89〕戴文鋒：《重修屏東縣志‧民間信仰》（屏東市：屏東縣政府，2014年11月），頁110。

〔註90〕未出版的《三隆宮廟誌》，頁23。資料來源：三隆宮管理委員會，筆者田野調查，地點：屏東縣琉球鄉碧雲寺，日期：2019年4月5日。

〔註91〕此段語意不清楚。

〔註92〕李豐楙：《東港王船祭》（屏東縣：屏東縣政府，1993年6月），頁65、66。

〔註93〕康豹：《臺灣的王爺信仰》（臺北市：商鼎文化出版社，1998年10月，第一版），頁74。

〔註94〕施添福總編纂、黃瓊慧等撰述：《臺灣地名辭書‧卷四屏東縣》（南投市：臺灣省文獻委員會，2001年10月），頁129。

民國前 17 年（1895）埔仔角眾弟子協力建築訂造芳草廟一座稱謂
鎮靈宮。民國前 9 年（1903）火燒鎮靈宮至傾斜，民國 2 年（1913），
眾信士發起重建鎮靈宮，將神像遷往陳善士舊店，同時興工築磚壁。
時過七月間，遇強烈颱風來襲，新建中磚壁全倒，興建主事者已故，
又遇日本統治下嚴禁民間建築廟宇，因此建宮遙遙無期，不得已遷
在花窯仔安奉，李皇奉祀在吳法師家宅。〔註95〕

埔仔角是繼小琉球退出祭典才得以加入，是由埔仔角的仕紳陳阿助（陳助）
和陳秋金父子代表埔仔角積極爭取參與迎王的七大角頭，部分並由頂中街一
帶的獅陣成員加入，自此正式成為東港街內七大角頭之一。〔註 96〕乙未科
（1955）東港迎王船後，鎮靈宮抽得戊戌科（1958）扛大千歲之職，並選大總
理負責戊戌科迎王工作，時由莊占選上大總理並任興建鎮靈宮一事。

圖 4-27：屏東東港埔仔角鎮靈宮

【黃永財拍攝：2019/6/2】

小琉球退出東港迎王的年代綜合整理如下：據東港人陳進成及未出版的
《三隆宮廟誌》說法，小琉球於民國 14 年（1925）退出東港迎王系統。戴文
鋒的《重修屏東縣志·民間信仰》指出：「最遲至日昭和 9 年（1934）甲戌科
小琉球人就退出了七角頭之一，並由埔仔角取代。」〔註 97〕另外，研究學者
或文獻指出，民國 40 年或 50 年代才退出。

〔註95〕摘錄自〈東港鎮靈宮沿誌〉，資料來源：筆者田野調查，地點：屏東縣東港鎮
　　　　東隆宮，日期：2019 年 6 月 2 日。
〔註96〕李豐楙總編：《東港迎王——東港東隆宮丁丑正科平安祭典》（臺北市：臺灣
　　　　學生書局，1998 年 10 月，初版），頁 25
〔註97〕戴文鋒：《重修屏東縣志·民間信仰》（屏東市：屏東縣政府，2014 年 11 月），
　　　　頁 110。

雖然不再是東港迎王七角頭之一，但是小琉球三隆宮還是一直與東港東隆宮保持一定祭祀關係存在。畢竟小琉球不少人移居東港，兩邊關係密切，如李豐楙的《東港王船祭》說，光復後也仍有陣頭前來參與。康豹的《臺灣的王爺信仰》說，民國 50 年代一直屬於東港東隆宮的祭祀範圍。因此《琉球鄉志》記載：「民國 70 年（1981），『混元法舟』漂流本鄉，誥封『琉球天道院三隆宮』。自此，三隆宮乃與東港正式分離。」〔註 98〕由此可見，小琉球三隆宮雖早已退出東港東隆宮七角頭之一，但其間還是保有某程度的祭祀關係，直至民國 70 年（1981）才與東港正式分離。

二、退出東港迎王原因傳說

小琉球三隆宮種種原因，退出東港溪流域迎王系統，退出原因，說法不一，至目前流傳大致有四種。相關傳說，筆者訪談地方耆老〔註 99〕、三隆宮主事〔註 100〕，並在碧雲寺、三隆宮等處，隨機訪談地方老輩們。他們曾任（現任）小琉球三隆宮迎王平安祭典會主事、管理委員會委員等職務〔註 101〕，平均年齡六十歲以上。至於退出東港溪流域迎王系統，哪一種是合理化的傳說，在本處探討。

（一）寄付金及迎王費用問題說

李宗信的《小琉球的社會與經濟變遷（1622～1945）》文中提到，小琉球退出東港迎王系統，有三點因素，其中的第三點，引宮本延人「寄付金」〔註 102〕問題。〔註 103〕

〔註 98〕洪義詳主修、林澤田總編纂：《琉球鄉志》（屏東縣：屏東縣琉球鄉公所，2006年 12 月），頁 326。

〔註 99〕許春發，琉球國中退休老師，在碧雲寺擔任觀音佛祖解籤詩義工多年。小琉球多間寺廟的楹聯由他所撰，如三隆宮等。

〔註 100〕蔡文財，現任碧雲寺、三隆宮總幹事，擔任六屆（民國 92～107 年〔2003～2018〕）小琉球三隆宮迎王平安祭典總幹事。

〔註 101〕洪清富（男，水興宮管理人）、陳富濱（男，生態解說員）、蔡朝富（男，交通船船員退休）、洪安同（男，法師）、陳世欽（男，法師）、陳麒麟（男，建築業者）等。

〔註 102〕「寄付金」，是捐款的意思。目前在小琉球地方上，住民捐獻給寺廟的錢，習慣用「寄付」。故本書用寄付金，較符合日本人宮本延人及小琉球人的用詞。

〔註 103〕李宗信：《小琉球的社會與經濟變遷（1622～1945）》（臺南市：國立臺南師範學院臺灣文化研究所碩士論文，2004 年 1 月），頁 116。

據宮本延人的《日本統治時代臺灣における寺廟整理問題》,東隆宮第十三條的「過去及現在」,調查資料:「早期小琉球會以一筆土地的收穫為寄付金,每年寄付給東港東隆宮五十圓,之後,因為東港公學校琉球嶼分教場的成立,這筆寄付金卻在日明治 32 年(1899)9 月以後,轉為支持新成立公學校的建築費用。日明治 33 年(1900)寄付金用於琉球分校的費用。」〔註 104〕

據宮本延人的調查資料,東隆宮的收入,主要是所屬的財產收益,及東港鎮民寄付金、添香油錢、樂捐等,來維持支出。小琉球每年寄付給東港東隆宮五十圓,是否就是三年一科迎王開銷費用,並無明載。然而調查資料中沒有指出寄付金問題,是導致雙方發生不愉快的因素。

小琉球人要設立公學校,根據日治時期法令,必須自行籌措經費。其依據日明治 31 年(1898)9 月 1 日實施的「臺灣公學校令」第一條規定:「設立公學校,不論一街庄社,惟限能維籌經費之處,各該知事廳長方可准立。」〔註 105〕

小琉球是離島,家長世代務漁,甚至遠赴國外漁業,家庭教育的責任,皆落在母親或祖父、母身上,而學校的設立與教育對於小琉球人是相當需要。寄付金轉而支持成立的公學校,不再寄付東港東隆宮,是否造成日後退出東港東隆宮迎王系統的因素,尚未找到有力的文獻證明。

日明治 33 年(1900),琉球島上分成四個村落,戶數與人口數是:白沙尾庄:135 戶,990 人(男 532 人,女 458 人);杉板路庄:94 戶,692 人(男 366 人,女 326 人);大蓁庄:47 戶,330 人(男 190 人,女 140 人);天臺庄:71 戶,527 人(男 287 人,女 240 人)。全島共 347 戶,2,539 人,只有一個臺灣人教師,每天來上學的學生有 30 名,據說很用功,島上的水質很好,可以說是一個很健康的地方。〔註 106〕由前述,日治時期小琉球島上教育雖不普及,但能將宗教信仰的寄付金轉而支持成立的公學校,可見小琉球的先民開始著重小孩的教育。

日明治 40 年(1907)4 月,改為東港公學校琉球分校,琉球分校成立

〔註 104〕宮本延人:《日本統治時代臺灣における寺廟整理問題》(奈良:天理教道友社,1988 年 4 月,初版),頁 268。

〔註 105〕《臺灣日日新報》第 90 號,明治 31 年(1898)8 月 19 日,第五版。資料來源:臺灣文學館。

〔註 106〕伊能嘉矩原著、楊南郡譯註:《臺灣踏查日記》(下冊)(臺北市:遠流出版事業股份有限公司,1996 年 11 月,初版),頁 439。

後的第一次上課借用碧雲寺場地。日大正 10 年（1921）獨立為琉球公學校。
〔註107〕在日治時期，琉球鄉的教育設施僅有一所琉球公學校，教育制度先
前是四學年制，後改六學年制。日昭和 2 年（1927）至 14 年（1939）學齡
兒童的就學率，約在 20% 至 30% 之間。〔註108〕

　　除了寄付金問題，據三尾裕子在〈臺灣漢人の宗教祭祀と地域社會〉指
出：「日昭和 3 年（1928）時，小琉球與東港因『迎王祭典的費用』發生爭
執，導致小琉球從東港獨立舉辦迎王。」〔註109〕

　　三尾裕子的指出，換句話說，是小琉球先民要分攤迎王祭典的費用，
與東港方面發生爭執，才退出東港迎王祭典系統。現今的小琉球人看法如
何，據筆者訪談小琉球老輩，他們說：「小琉球人只要為王爺做『代誌』（事
情），花再多的錢也願意，不會為著『錢項代誌』（錢的事情）與人爭吵。」
〔註110〕

　　小琉球人對於島上神明的信仰是依賴與虔誠，就如島上老輩所說：早期
小琉球人，「省自己，神明代誌，敢花。」（小琉球人很節儉，對於神明祭典花
費，肯花錢）據《臺南新報》日昭和 9 年（1934）5 月 15 日報導：

> 東港郡琉球庄，每年依例在四月底有迎取媽祖的大祭典，各戶要付
> 相當的經費，今年由派出所逐戶巡查，勸告各家，依時節節省，浪
> 費所節省的費用，充當國防獻金，合計七十圓，由庄民代表李响先
> 生繳納給日軍司令部。〔註111〕

小琉球人，每年神明祭典花費不貲，日本政府要求節約，將節省費用充當國
防使用。雖說小琉球人對於神明信仰肯花錢，但不代表有錢，生活上應該還
是很清貧。

〔註107〕洪義詳主修、林澤田總編纂：《琉球鄉志》（屏東縣：屏東縣琉球鄉公所，2006
　　　　年 12 月），頁 214。
〔註108〕洪義詳主修、林澤田總編纂：《琉球鄉志》（屏東縣：屏東縣琉球鄉公所，2006
　　　　年 12 月），頁 214。
〔註109〕三尾裕子：〈臺灣漢人の宗教祭祀と地域社會〉，《國立民族學博物館研究報
　　　　告別冊》（大阪：國立民族學博物館，1991 年 3 月 29 日），卷 14，頁 125。
〔註110〕受訪者：洪清富（男，水興宮管理人）、陳富濱（男，生態解說員）、蔡朝富
　　　　（男，交通船船員退休），訪談者：黃永財，地點：屏東縣琉球鄉碧雲寺，
　　　　日期：2019 年 1 月 2 日。
〔註111〕《臺南新報》昭和 9 年（1934）5 月 15 日，第四版。資料來源：臺灣文學
　　　　館。

　　早期小琉球人窮，但東港人並个是大家都有錢，就如東港耆老陳淮成說的：「當時的年代，不只琉球窮，東港民家也不富裕，有一句諺語叫『東港迎王三年』，外人以為是『興三年』（閩南語）其實是『還三年』（閩南語），『還債』的『還』（閩南語），為了三年一次的盛典，有些人是舉債相與。」〔註112〕道出東港、小琉球兩地，為了三年一次迎王，人們的苦處。

　　早期小琉球人生活貧困，東港人不富裕，當然在商量迎王祭典費用，要能夠取得共識並非一件易事。所以三尾裕子指出迎王祭典的費用，產生雙方發生爭執，導致分流，這種指出應該是合理的範圍。所以，早期先民們，大家經濟生活還是辛苦的，對於「錢項代誌」（金錢的事情）就會計較，溝通上難免會爭吵，這種情形的發生，現今的小琉球及東港人，是可以理解的。

（二）往返不便說

　　有關於小琉球、東港往返不便，小琉球三隆宮退出東港東隆宮迎王祭典的說法，據康豹的《臺灣的王爺信仰》指出：「從前，小琉球和南州也是東港的角頭，可是『戰後』小琉球因為『往返不便』等原因而退出祭典。」〔註113〕康豹指出在「戰後」退出祭典，而事實上，據《臺南新報》日昭和9年（1934）4月23日報導，小琉球已前往臺南南鯤鯓廟進香。〔註114〕

　　往返不便，如果是交通工具「漁船」問題，（「漁船」：搭載王爺及參加迎王信徒的船隻）。日昭和4年（1929），小琉球有發動機漁船21艘；日昭和9年（1934），有50艘，共393噸。〔註115〕排除氣候因素外，要召集漁船載三隆宮王爺到東港東隆宮參加迎王祭典活動，照理不會有太大問題。據《臺南新報》日昭和9年（1934）4月23日報導，小琉球前往臺南南鯤鯓廟進香，是分乘裝飾華麗的發動船15艘。另有前島信次的《華麗島臺灣からの眺望》敘述，是分乘發動機船20艘。〔註116〕所以日昭和9年（1934）搭乘15艘或

〔註112〕鄭華陽編著：《字繪琉嶼──琉球信仰側記》（屏東縣：屏東縣立琉球國民中學，2018年10月，初版），頁39。

〔註113〕康豹：《臺灣的王爺信仰》（臺北市：商鼎文化出版社，1998年10月，第一版），頁124。

〔註114〕《臺南新報》昭和9年（1934）4月23日，第四版。資料來源：臺灣文學館。

〔註115〕洪義詳主修、林澤田總編纂：《琉球鄉志》（屏東縣：屏東縣琉球鄉公所，2006年12月），頁250。

〔註116〕前島信次著、杉田英明編：《華麗島臺灣からの眺望》（東京：平凡社，2000年10月，初版），頁331。

20 艘發動船，選擇遠程的臺南南鯤鯓廟進香，捨對岸相距約 8.9 浬屏東縣東港鎮東隆宮，其往返不便（排除氣候因素）的說法，較牽強。

除了往返不便之外，另有「危險性」的說法，據李豐楙的《東港迎王——東港東隆宮丁丑正科平安祭典》指出：「小琉球自清代以來便已固定參加東隆宮的迎王祭典，成為七角頭之一共同完成祭典要務，直到後來才以『風浪危險、往返不便』為由，退出東港迎王的活動而自行迎王。」〔註 117〕

「風浪危險、往返不便」的說法，據曾擔任小琉球與東港往返交通船的退休船員表示：兩地往返交通，早期一年可行駛約 10 個月；現今可以 11 個月以上。颱風期間，遇到西南氣流，就停航。秋風後，颱風過後，風平浪靜。應該不會有風浪危險、往返不便的問題。〔註 118〕又據筆者訪談小琉球地方耆老表示：「小琉球退出東港迎王，與交通不便或海浪沒有關係，這只是個藉口而已。」〔註 119〕

事實上，小琉球與東港間，早期先民往返並未有交通船，只靠小舢板或小漁船，其間「通航」已久而平常。因為小琉球的民生物質都得從東港輸入，兩地住民應能適度調整並克服，所以現今小琉球人，才會認為兩地往返不便，而退出東港迎王是個藉口。

氣候方面，琉球嶼偏處臺灣西南方的海面上，島嶼面積甚小，各地均能受到海風的調劑，故冬暖夏涼，年差較小，四季不明顯。年中除國曆 5 至 9 月（1986 至 1996）的颱風季節為島上的雨季外，其餘各月均罕見雨，年雨量約 1,000 公釐左右。而侵襲琉球島的颱風，往往受臺東大武山之阻而減弱風力，降低颱風災害。〔註 120〕

在日治時期，東港東隆宮的迎王祭典日期，有兩種說法，一種是在農曆 3 月份，媽祖誕辰之後；一種是農曆 5 月份。〔註 121〕依據《臺南新報》日大

〔註 117〕李豐楙總編：《東港迎王——東港東隆宮丁丑正科平安祭典》（臺北市：臺灣學生書局，1998 年 10 月，初版），頁 25。

〔註 118〕受訪者：蔡朝富（男，交通船船員退休），訪談者：黃永財，地點：屏東縣琉球鄉碧雲寺，日期：2019 年 5 月 8 日。

〔註 119〕受訪者：許真念（小琉球福泉宮、騰風宮、老人會總幹事），訪談者：黃永財，地點：屏東縣東港華僑市場，日期：2019 年 6 月 2 日。

〔註 120〕洪義詳主修、林澤田總編纂：《琉球鄉志》（屏東縣：屏東縣琉球鄉公所，2006 年 12 月），頁 25。

〔註 121〕康豹：《臺灣的王爺信仰》（臺北市：商鼎文化出版社，1998 年 10 月，第一版），頁 74。

正 14 年（1925）4 月 24 日報導：

> 東港每三年一舉迎王盛典，百餘年來，沿俗成例，夙榻熱鬧。今茲
> 會逢其期，聞定自五月十日至十二日，凡三日間。各商圈及漁業團，
> 目下多方準備，以期必勝，屆時定有可觀，非僅有其名已也。〔註 122〕

從《臺南新報》報導，東港該科迎王祭典是 5 月（農曆或國曆不明確）。據康
豹的《臺灣的王爺信仰》指出：「東港東隆宮每三年一次舉行的迎王祭典，在
日治時期是農曆 5 月份，從臺灣光復後是在農曆 9 月初舉行。農曆 5 月 5 日
是端午節，也是近世中國南方及臺灣許多地方舉行送瘟王或王船活動的日
子。」〔註 123〕前述，農曆 5 月份，約國曆 6 月；農曆 9 月，約國曆 10 月。

　　依據交通部中央氣象局，西元 1911 年至 2017 年的統計資料顯示，臺灣
颱風的月份（國曆），4 月份 1 個；5 月份 9 個，其中以 8 月最多，次為 7 月
和 9 月，因此每年的國曆 7 至 9 月可說是臺灣的颱風季。〔註 124〕

　　從交通部中央氣象局統計資料顯示，臺灣颱風（國曆）是以 7、8、9 月
份為多，國曆 4、5、6 月份很少。因此，如果因氣候關係造成交通不便，導
致小琉球三隆宮，不再參加東港東隆宮迎王活動的說法，據筆者的走訪調查，
目前島上老輩認為與交通（風浪危險、往返不便）無關。

（三）不甘受辱說

　　伊能嘉矩在《臺灣踏查日記》（日明治 33 年〔1900〕8 月 24 日）記載，
形容小琉球：「住民的生活水準大致上很低。他們住於低矮的茅屋，全島最
富有的人也只有三千圓的資產而已。民情淳樸，從有沒有人犯罪，夜間房屋
不鎖門，即使有人遺落東西於路上，也沒有人撿起，收為己有。」〔註 125〕
所以伊能嘉矩說，日本政府派駐小琉球島上的警察，因為無事可辦而閒得發
慌。

　　前島信次的《華麗島臺灣からの眺望》書中提到：「琉球庄とは高雄州東

〔註 122〕《臺南新報》第 8328 號，大正 14 年（1925）4 月 24 日，第五版。資料來
　　　　　源：臺灣文學館。
〔註 123〕康豹：《臺灣的王爺信仰》（臺北市：商鼎文化出版社，1998 年 10 月，第一
　　　　　版），頁 74。
〔註 124〕資料來源：交通部中央氣象局，網站：https://www.cwb.gov.tw/V7/knowledge/
　　　　　encyclopedia/ty038.htm。日期：2019 年 1 月 25 日。
〔註 125〕伊能嘉矩原著、楊南郡譯註：《臺灣踏查日記》（下冊）（臺北市：遠流出版
　　　　　事業股份有限公司，1996 年 11 月，初版），頁 440、441。

港の沖合にある小琉球嶼の一「寒村」。〔註126〕意思是形容小琉球是個貧窮的地方。

小琉球是隆起的珊瑚礁石灰岩，島上四個臺地表面均被紅土質土壤所覆蓋，可耕種面積僅126.5公頃，占土地總面積18.6％。日昭和2年（1927）至日昭和6年（1931），每年耕種面積約100甲左右，生產量為600石至750石間，產量不豐，若遇久旱不雨，完全沒有收穫。〔註127〕土地貧瘠，可說是「地不產五穀」，居民多以海為田，捕魚為生。而捕魚收入不穩定，因此鄉人平時生活非常節儉。

早期島上水電不便，影響工商業發展，當地婦女為貼補家用，為臺灣的工廠做代工，但工作不固定，收入少。如日昭和3年（1928），臺南圳北門郡北門洪嚴到小琉球從事製帽業，因島上所需有限，市場小，遂於日昭和4年（1929）結束營業。〔註128〕因此，當地婦女普遍有工作的意願，卻沒有可吸收勞力的工廠，中年以上的婦女，穿著都十分樸素簡便。〔註129〕

早年小琉球人的經濟生活狀況，老輩們說：做囝仔時陣，島民生活很艱苦，用鋤頭和牛犁田，收成不好，只有靠竹筏釣魚。有的是種地瓜和花生，或釣魚，形成一種自給自足的生活。地方耆老許春發說：早期小琉球人「卡艱苦」（窮苦），對於穿著較隨便，外出到東港，花錢小氣，遭受東港人看輕。小琉球人參加東港東隆宮迎王，據說要自備棉被而且要借宿於他人屋簷下，被當時的東港人頗看不起，欺負老實又貧窮小琉球人。東港人還形容小琉球人來東港迎王是：「琉球貨，三年來一過。」小琉球人當然不甘受辱，於是不再參加東港東隆宮迎王。〔註130〕據蔡文財說：在不受尊重下，退出東港東隆宮迎王這種傳說，是有可能的。〔註131〕

〔註126〕前島信次著、杉田英明編：《華麗島臺灣からの眺望》（東京：平凡社，2000年10月，初版），頁331。

〔註127〕洪義詳主修、林澤田總編纂：《琉球鄉志》（屏東縣：屏東縣琉球鄉公所，2006年12月），頁138。

〔註128〕洪義詳主修、林澤田總編纂：《琉球鄉志》（屏東縣：屏東縣琉球鄉公所，2006年12月），頁147

〔註129〕吳福蓮：《小琉球的婦女生活研究》（臺北市：臺灣省立博物館，1993年7月，初版），頁69。

〔註130〕黃慶祥：《古典小琉球》（屏東縣：黃慶祥發行，2008年10月，初版），頁64。

〔註131〕受訪者：蔡文財（男，碧雲寺、三隆宮總幹事），訪談者：黃永財，地點：

關於上述，東港耆老陳進成則說：「東港從入夜門戶多半無鎖，忽來外人要睡民家騎樓下，迎王期間人口出入繁雜，誰又知誰是誰呢？前人性情溫淳，凡事隨和，有所想卻不知從何說，許多事也只往心內講去。」〔註 132〕

（四）王爺不受尊重說

小琉球三隆宮的王爺，受東港東隆宮邀請前往參加迎王，如果三隆宮的王爺未到，東隆宮的迎王活動就無法進行。雖然迎王期間，東港必須提供大輦及住宿給小琉球王爺與信徒住，不過，都草率處理，導致雙方發生不愉快。〔註 133〕據地方耆老說：早期小琉球人老實，生活經濟較差，去東港參加迎王，有親友可依，可能有地方住，無親友者，只能露宿，被東港人看輕。

早期小琉球人認為，東港東隆宮提供住宿不好是其次，主要提供三隆宮王爺坐的大輦很差，不給小琉球人面子，也不給王爺面子，所以引起三隆宮轎班不滿，認為王爺被輕視，傳說，轎班在不滿的情緒下，曾與東隆宮廟方發生衝突。

傳說，東港東隆宮提供的大輦，任何一位神明坐進去是「不發」（起輦），意思是神轎老舊不好，但是三隆宮王爺坐入神轎即能起輦，證明三隆宮王爺有夠「興」的（靈驗）。當時在東港，有一位小偷跑進一間很小的屋子，似乎與神轎同大小，三隆宮王爺起輦，則能衝入與神轎同大的屋內抓小偷，令東港人「著驚」（驚嚇）。討海人最信王爺，「事事項項」（凡事）依賴王爺，東隆宮提供給王爺的大輦草率處理，王爺不受尊重，所以小琉球人退出東港東隆宮迎王。

然而，小琉球退出東港東隆宮迎王的傳說，夾雜著上述幾個因素之外，筆者認為與小琉球的經濟生活提昇有關。因為小琉球人隨著動力漁船的興起，也逐漸脫離對東港的依附，並強化與高雄和臺南等地區的關係，所以動力漁船是謀生也是交通工具，擴展小琉球人民的生活圈。〔註 134〕加上小琉球人出

屏東縣琉球鄉碧雲寺，日期：2019 年 1 月 30 日。

〔註 132〕鄭華陽編著：《字繪琉嶼——琉球信仰側記》（屏東縣：屏東縣立琉球國民中學，2018 年 10 月，初版），頁 39、40。

〔註 133〕資料來源：三隆宮管理委員會，筆者田野調查，地點：屏東縣琉球鄉碧雲寺，日期：2019 年 4 月 5 日。

〔註 134〕私立樹德科技大學（提案單位）：《98 琉球嶼尋根之路——移墾探究——清領與日治時期的移墾成果報告》（屏東縣：屏東縣琉球鄉公所〔招標單位〕，2010 年 1 月），頁 23。

錢參加東港的迎王，讓小琉球人感覺好像是依附東港，主宰決定權都是在東港，在迎王活動過程中，給小琉球人的東西較差，引起小琉球人不滿，才退出，不無可能。而小琉球先民們內心有何鬱悶？是否另夾雜著其他原因？現今的我們是難以理解的。

三、轉往臺南南鯤鯓廟進香

南鯤鯓廟王爺是臺灣重要王爺信仰，自清代就廣受臺灣民眾的敬拜，日治時期報紙相關報導，可看出其在臺灣的重要性。清代受到南部民眾祭拜外，隨著交通與訊息流通，其影響力漸及全臺。

小琉球三隆宮前往南鯤鯓廟進香，能夠維持四十多年之久，有其動機與目的。有一說是為迎中軍府；另一說，去邀請李府千歲或五府千歲，到小琉球參加迎王遶境，到底哪一個是主因，還是另有其他動機，需進一步瞭解。

（一）另闢新路進香

小琉球三隆宮退出東港東隆宮迎王後，日昭和 9 年（1934）琉球庄民一行三百人轉往臺南北門郡（舊稱）的「南鯤鯓廟」進香，其陣容據《臺南新報》日昭和 9 年（1934）4 月 23 日報導：

> 東港郡下小琉球的島民三百名。分乘裝飾華麗的發動船十五艘。前往位在北門郡的南鯤鯓廟迎請該廟主神——三府千歲。到了十五日上午十點左右。在北門港入港。爆竹及銅鑼的聲音實在是相當氣魄。樂隊則一齊奏樂。五花十色的色彩與數百面的神旗。幾乎將天空遮蔽。的確是北門港前所未有的盛況。〔註135〕

從《臺南新報》報導的內容來看，當時的進香尚未受到日本推行「皇民化運動」（日昭和 12 年［1937］）的「寺廟整理」影響。因此，小琉球動員三百名信徒，分乘發動船十五艘前往南鯤鯓廟進香，其陣勢被形容將天空遮蔽，盛況空前。

轉往臺南南鯤鯓廟進香，首科是日昭和 9 年（1934）甲戌科，大總理是天臺的林標。日昭和 12 年（1937）丁丑科，大總理是白沙尾的蔡鳳。日昭和 15 年（1940）庚辰科，大總理是黃醮。

丁丑科、庚辰科，這兩科並未因皇民化運動而受阻，但是日昭和 18 年

〔註135〕《臺南新報》昭和 9 年（1934）4 月 23 日，第四版。資料來源：臺灣文學館。

（1943）癸未科，中日戰爭停辦；民國 35 年（1946）丙戌科，臺灣光復停辦。

　　民國 37 年（1948）國曆 12 月 13 日（農曆 11 月 13 日）舊三隆宮落成，民國 38 年（1949）己丑科是臺灣光復後首次迎王。〔註 136〕民國 71 年（1982）壬戌科，是小琉球三隆宮最後一科前往臺南南鯤鯓廟進香，同時也結束了 48 年，15 科，停辦 2 科，到南鯤鯓廟進香活動。

　　三隆宮早年搭乘動力漁船前往南鯤鯓廟進香，當船隻到達北門港（蘆竹溝港），轉搭輕便車到南鯤鯓廟。後來北門港淺，改停泊臺南，再搭輕便車到南鯤鯓廟。約民國 60、70 年代，行程是從小琉球搭交通船到東港，再包租遊覽車到南鯤鯓廟。

　　踏查早年小琉球三隆宮進香團，搭乘漁船停泊臺南的北門港，現今的北門港為何。到北門區三光里「蘆竹溝漁港」，【圖 4-28】訪談當地漁民，據他指出：早年由「三寮灣」西行需渡過蘆竹溝才能夠入庄，庄的北邊有一個漁港稱「北門港」，現在叫「蘆竹溝漁港」。幾年前地方參加南鯤鯓廟慶典，為配合活動安排是用機動膠筏到五王橋（南鯤鯓廟旁），對於河道的深淺及水流不熟，是很危險。〔註 137〕

圖 4-28：臺南北門蘆竹溝漁港

【黃永財拍攝：2019/3/1】

　　轉往蚵寮保安宮，該廟與南鯤鯓廟同屬北門區蚵寮部落，保安宮殿內奉祀李府千歲〔註 138〕。先民稱保安宮是「頭前廟」，稱南鯤鯓廟是「後壁

〔註 136〕資料來源：三隆宮管理委員會，筆者田野調查，地點：屏東縣琉球鄉碧雲寺，日期：2019 年 4 月 5 日。

〔註 137〕資料來源：筆者田野調查，地點：臺南市北門區三光里，日期：2019 年 3 月 1 日。

〔註 138〕李王係南鯤鯓廟鎮殿之神，未便迎出，乃以就近之蚵寮保安宮所供李王神像

廟」。筆者欲瞭解五王橋下河道情形，訪談主事涂松佑，他說：早期在南鯤鯓廟旁的五王橋下河道可行駛漁船，現在不可以，主要是從山上沖流下來的沙，淤積在五王橋河道。小時候曾聽阿公（祖父）講過，昔日小琉球來南鯤鯓廟進香場面熱鬧，漁船是否停泊五王橋下河道（南鯤鯓廟旁），就不知道了。〔註 139〕

　　南鯤鯓廟旁的五王橋，廟與橋相距不遠（約 1,000 尺左右），五王橋的河道位於南鯤鯓廟右側（虎邊），據筆者觀察，河道確實淤積沙土，目前橋面正在施工。【圖 4-29】工程效益是提升用路人安全之旅運道路及地方區域繁榮，工程名稱：臺 17 線五王大橋改善工程；設計單位：黎明工程顧問股份有限公司；監造單位：公路總局第五區養護工程處；施工廠商：義力營造股份有限公司；施工期間：民國 107 年 3 月 26 日～109 年 6 月 2 日；經費來源：中央：372,269,781（千元）。〔註 140〕據蔡相輝的《臺灣的王爺與媽祖》書中提到：「民國 7 年（1918），南鯤鯓廟附近修築堤防，稱五王堤。」〔註 141〕

圖 4-29：臺南南鯤鯓廟旁五王橋

【黃永財拍攝：2019/3/1】

　　　　代理之。摘錄自劉枝萬：《臺灣民間信仰論集》（臺北市：聯經出版事業股份有限公司，2002 年 8 月，初版），頁 274。

〔註 139〕受訪者：涂松佑（男，保安宮總務），訪談者：黃永財，地點：臺南市北門區保安宮，日期：2019 年 3 月 1 日。

〔註 140〕資料來源：筆者田野調查，地點：臺南市北門區五王橋，日期：2019 年 3 月 1 日。

〔註 141〕蔡相輝：《臺灣的王爺與媽祖》（臺北市：臺原出版社，1994 年 8 月，第一版），頁 81。

　　前往南鯤鯓廟瞭解昔日小琉球進香情形，訪談洪毓謙（南鯤鯓廟祭祀組兼文史企劃主任），據他表示：「暫查無資料」，每年到南鯤鯓廟進香宮廟及私人宮壇超過一萬多間以上。因為早年未有電腦作業，如果要探究幾十年前進香紀錄，是有難度的。〔註142〕

　　小琉球三隆宮到南鯤鯓廟進香，停泊處除了北門港、臺南，是否曾停泊在南鯤鯓廟旁的五王橋下河道。小琉球耆老許真念，他說：早年到南鯤鯓廟進香，是從小琉球搭機動漁船到廟旁河道，當時漁船要進入五王橋下河道前，由小琉球年輕輩潛入河水中探深淺，才慢慢駛入，否則很危險。這些年輕輩的，如果現今還活著，都超過百餘歲了。後來進香在高雄哈瑪星停一晚，神轎會在該地遶境，因為當地住了很多小琉球人。〔註143〕

　　小琉球三隆宮早期前往東石郡青鯤鯓進香在高雄港停留，前島信次的《華麗島臺灣からの眺望》描述：

> 在高雄港內，於17日（無年月）下午6時左右，發動機船隊（動力漁船）20艘，裝滿旗幟，威風堂堂的進入高雄港。港內右邊皆為東港郡琉球庄的民眾。在15日早上7時，從小琉球出發到東石郡青鯤鯓迎三府千歲，要回東港時，船隊駛至高雄港外海時，天色將暗，於是決定在高雄港停泊一次，等到19日早上再回東港。一行人除了同地保正（里長）李嚮外，共有300人，其中有10名婦人。〔註144〕

小琉球前往臺南進香，回程進入高雄港，港內右邊皆為東港郡琉球庄的民眾，也就是高雄哈瑪星當地住了很多小琉球人，神轎會在該地遶境。

（二）迎請中軍府

　　建造王船前須先安置「中軍府」，中軍爺為代天巡狩千歲爺的前鋒或先遣特使，跟隨千歲爺南巡北狩，職責為保管千歲爺「王印」及保護千歲爺的安全，必要時則是作戰指揮官。中軍令有三支，值正科在中間，左邊為前一年

〔註142〕受訪者：洪毓謙（男，南鯤鯓祭祀組兼文史企劃主任），訪談者：黃永財，地點：臺南市北門區南鯤鯓，日期：2019年2月9日。

〔註143〕受訪者：許真念（小琉球福泉宮、騰風宮、老人會總幹事），訪談者：黃永財，地點：屏東縣東港華僑市場，日期：2019年6月2日。

〔註144〕前島信次著、杉田英明編：《華麗島臺灣からの眺望》（東京：平凡社，2000年10月，初版），頁331。

值年中軍令，右邊為前二年值年中軍令。中軍府安座儀式亦代表已進入祭典的準備期，以往值科中軍爺降臨後才可造王船，近幾科為了提早造王船，則變通先恭請值年中軍爺安座，是為監督王船的建造。〔註145〕

　　日昭和 9 年（1934），小琉球三隆宮前往臺南南鯤鯓廟進香的主因，據李宗信采集指出：「主要是因為三隆宮沒有『中軍府』，所以必須在舉行迎王前，前往南鯤鯓廟迎中軍府回小琉球『共同』參加迎王。」〔註146〕而李宗信所采集的，與筆者采集，似乎不相同。

　　民國 38 年（1949）己丑科，小琉球在臺灣光復後，首次迎王。據黃慶祥的《古典小琉球》：「樹叔說，當時的大輦為數甚少，王爺廟僅一頂大王（即是大千歲，而其他的王爺則一同供奉在旁。）而已，又在廟旁立一長方形木板，上書寫『中軍府』三字，送王時即以焚燒作為象徵。」〔註147〕所以說，在前往南鯤鯓廟進香前，就有安奉中軍府的程序，中軍爺的安座。早期只用紅紙或布書寫，後來改用木雕中軍府令。

　　對於小琉球三隆宮前往臺南南鯤鯓廟進香，是為了請中軍府一事，筆者前往三隆宮訪談老輩，他們說：不是為著請中軍府才去臺南南鯤鯓廟進香，那時候沒有造王船，中軍府是監督王船的建造，請中軍府不是重點。〔註148〕

　　上述的同日，帶著同樣中軍府問題，到碧雲寺的辦公室（碧雲寺、三隆宮管理委員會辦公室），訪談洪安同（職業法師），他說：三隆宮還沒建造王船前，小琉球迎王，只是遶境活動，到南鯤鯓廟進香回來後，在島內僅舉行兩天，後來才逐漸擴展天數。去南鯤鯓廟是請李王（李府千歲），不是為著中軍府令才去進香的。蔡文財（三隆宮總幹事）說：去臺南南鯤鯓廟進香與請中軍府沒關係。

　　所以綜合地方耆老及廟方主事者，他們認為到臺南南鯤鯓廟進香，是邀請五府千歲（李、池、吳、朱、范）到小琉球共襄迎王遶境活動。

　　南鯤鯓廟，中軍府的中軍爺金身是與五王同一巨大木材，劃分六段，每

〔註145〕戴文鋒：《重修屏東縣志·民間信仰》（屏東市：屏東縣政府，2014 年 11 月），頁 112。

〔註146〕李宗信：《小琉球的社會與經濟變遷（1622～1945）》（臺南市：國立臺南師範學院臺灣文化研究所碩士論文，2004 年 1 月），頁 114。

〔註147〕黃慶祥：《古典小琉球》（屏東縣：黃慶祥發行，2008 年 10 月，初版），頁 66。

〔註148〕受訪者：陳麒麟（男，建築業）等七人，訪談者：黃永財，地點：屏東縣琉球鄉三隆宮，日期：2019 年 3 月 13 日。

段刻有五王及中軍府字樣。特聘大陸泉州著名雕刻師，雕成六座木像金身，就是現在「開基正身」的神像。〔註149〕

　　南鯤鯓廟廟貌是在民國 12 年（1923），依原址擴大改建，至民國 17 年（1928）舉行入廟大典，中軍府位在左前殿（龍邊），祀日農曆 8 月 18 日。中軍府神龕內只奉祀中軍爺，無其他神明。神龕聯：「南面合稱王德澤均沾寶島；鯤鯓齊拜將威靈永固金甌。」柱聯：「代命掌權衡北狩南巡楊虎節；天威持劍印鐘鳴鼓響振鯤洋。」〔註150〕【圖 4-30】

　　三隆宮在民國 89 年（2000）庚辰科迎王之後，當年國曆 12 月（農曆 11月）即著拆除舊廟體，並於翌年國曆 5 月（農曆 4 月）開工興建新廟，除供奉原有的三府千歲外，有中軍府的設立，終於在民國 92 年（2003）國曆 9 月20 日（農曆 8 月 24 日）舉行入廟安座儀式。〔註151〕

圖 4-30：臺南南鯤鯓廟中軍府

【黃永財拍攝：2019/2/9】

　　三隆宮的「中軍府」，位於左前殿（龍邊）；水仙王位於右前殿（虎邊）。中軍府神龕內只奉祀中軍爺，無其他神明。神龕聯：「中不偏倚撫四域；軍奮雷霆安九州。」門聯：「中以制偏王誥先達宣教化；軍能攘患金甌永固掃

〔註149〕吳史民：〈南鯤鯓廟代天府沿革誌〉第十二卷合刊，臺南縣文獻委員會編輯：《南瀛文獻》四（臺北市：成文出版有限公司，1983 年 3 月，臺一版），頁1968。

〔註150〕資料來源：筆者田野調查整理，地點：臺南市北門區南鯤鯓，日期：2019 年2 月 9 日。

〔註151〕洪義詳主修、林澤田總編纂：《琉球鄉志》（屏東縣：屏東縣琉球鄉公所，2006年 12 月），頁 283。並參用〈三隆宮碑文沿革〉。

妖「氣」（氛）」〔註152〕。（許春發撰、鄭輝雄書）【圖4-31】

三隆宮的中軍府位在廟體左側（龍邊），顯示地位上重要性，除了負責監督王船建造之外，從中軍府的楹聯來看，中軍府是前鋒或先遣特使，跟隨千歲爺南巡北狩，保護千歲爺的安全等職能。

圖4-31：小琉球三隆宮中軍府

【黃永財拍攝：2019/1/30】

（三）迎王場面的擴充

南鯤鯓廟有著全臺的「王爺故鄉」之稱，最遲在清乾隆、嘉慶之間，已有盛名。清康熙22年以後，南鯤鯓廟五府千歲開始南巡北狩，一直到臺灣光復後才漸停歇。〔註153〕

臺灣地區的王船信仰，據黃文博指出：「可以分成六大系統，而臺南的王船信仰，橫跨了三大系統（曾文溪流域、八掌溪流域、二仁溪流域）。」〔註154〕南鯤鯓廟因撿拾海漂王船而有王船信仰，並造就「王爺總廟」的地位，照理推論，南鯤鯓廟王船傳說最早，但可能是王爺信仰過於強勢，致其王船信仰僅止於王船傳說，更因在清同治年間的「王船被偷自焚記」故事，

〔註152〕許春發指出，下款：軍能攘患金甌永固掃妖氣，「氣」是誤刻，應作「氛」。受訪者：許春發（男，琉球國中退休老師），訪談者：黃永財，地點：屏東縣琉球鄉碧雲寺，日期：2019年1月30日。

〔註153〕黃文博：《臺灣信仰傳奇》（臺北市：臺原出版社，1989年8月，第一版），頁110。

〔註154〕黃文博：《南瀛王船誌》（臺南縣：臺南縣文化局，2000年2月，初版），頁368。

而終結南鯤鯓廟的王船現象。〔註155〕

南鯤鯓廟的王船現象終結，僅止於王船傳說，但是在臺南地區，有些具有王船信仰的寺廟在醮前或千秋日前一天前往南鯤鯓廟進香。如屬於曾文溪流域系統的將軍區青鯤鯓「朝天宮」、將軍區馬沙溝「李聖宮」、北門區蘆竹溝「西天宮」等。青鯤鯓朝天宮是向南鯤鯓廟分「李王」香火雕金身為主祀。馬沙溝李聖宮向來以「五朝清醮」為其醮型，王船是清醮的一部分，醮前沿舊俗必到南鯤鯓廟進香請「火」。蘆竹溝西天宮，主祀「飛天大將」，庄人稱為「大聖公」，其千秋日為農曆九月二十四日，沿例都會於前一天到南鯤鯓廟進香請「火」。〔註156〕

小琉球三隆宮以南鯤鯓廟進香為名，藉由南鯤鯓廟的地位，在進香後回島上自辦理遶境式的迎王。據小琉球地方耆老表示：前往南鯤鯓廟進香，是小琉球三隆宮找一間比東港東隆宮還要大的廟進香，這樣才有面子。臺灣民間宗教信仰上，五府千歲這一信仰組合，三隆宮的池府千歲（二王）要稱南鯤鯓廟的李府千歲（大王）為大哥。到南鯤鯓廟邀請李府千歲到小琉球參加迎王，場面才會大，況且南鯤鯓廟是全臺王爺總廟，三隆宮是位在小島上地方的公廟，有必要選擇大廟進香。〔註157〕換句話說，大概是迎王活動場面的擴充。〔註158〕

小琉球三隆宮前往南鯤鯓廟，其目的，據蔡坤峰的〈小琉球大令迎王記〉表示：

> 三府千歲欽定迎王大典吉日，在遶境的前兩天，大總理必須率領信眾，奉請三府千歲金身，親往「南鯤鯓廟代天府」，邀請「五府千歲」共裏「小琉球迎王平安祭典」，此項行程有邀請貴賓與進表請命之涵義。〔註159〕

〔註155〕黃文博：《南瀛王船誌》（臺南縣：臺南縣文化局，2000年2月，初版），頁234、235。

〔註156〕黃文博：《南瀛王船誌》（臺南縣：臺南縣文化局，2000年2月，初版），頁166、170、181、182、213。

〔註157〕受訪者：洪安同（男，職業法師），訪談者：黃永財，地點：屏東縣琉球鄉碧雲寺，日期：2019年2月19日。

〔註158〕受訪者：許春發（男，琉球國中退休老師），訪談者：黃永財，地點：屏東縣琉球鄉碧雲寺，日期：2019年1月30日。

〔註159〕蔡坤峰：〈小琉球大令迎王記〉，收錄未出版的《三隆宮廟誌》，頁24。資料來源：三隆宮管理委員會，筆者田野調查，地點：屏東縣琉球鄉碧雲寺，日

據蔡坤峰表示，小琉球三隆宮前往南鯤鯓廟，是邀請五府千歲到小琉球作客，參與島上迎王活動，同時是進表請命之涵義。雖說，小琉球三隆宮池、吳、朱三位王爺，並非從南鯤鯓廟分靈，但是信仰上，三隆宮與南鯤鯓廟五府千歲（李、池、吳、朱、范）是同一脈的。

第四節　三隆宮獨立迎王與混元法舟

民國 70 年（1981）後的小琉球，島上基礎建設逐步完備，整體環境、人力、財力、物力及廟宇增多，此時，獨立迎王已然熟備，而混元法舟適時的停泊小琉球，帶給小琉球人正式獨立迎王的時機。

當混元法舟停泊小琉球，地方仕紳誠心恭迎法舟，供奉於三隆宮廂殿側壁，法舟旗幟標示「無極混元大天尊」，並非一般的送瘟船。法舟擇小琉球停泊，島上的信徒認為禎祥之兆，據未出版的《三隆宮廟誌》記載：「法舟擇琉球駐蹕，提升了三隆宮三年一科平安祭典的層級。」〔註160〕

由於至今欠缺玄樞院混元法舟的研究，三隆宮並無記載混元法舟的由來及放航，又混元法舟是小琉球自造王船，完整迎王祭典的推手。因此，有必要將混元法舟原處（玄樞院）開始走訪，所以筆者多次到玄樞院做田野調查，訪談退休老廟祝〔註161〕，拜訪玄樞院的副主事，由他們提供混元法舟文獻給筆者。〔註162〕故本節就以玄樞院的概況開始介紹，再探討混元法舟由來及放航的狀況。

當混元法舟停泊小琉球後的情形，及帶給三隆宮與玄樞院之間的互動為何，自行建造王船後，全鄉動員獨立迎王等為本節研究要旨。

一、無極混元玄樞院概況

臺南市關廟區「玄樞院」原名「南陽聖堂」於民國 58 年（1969）創立，

期：2019 年 4 月 5 日。
〔註160〕未出版的《三隆宮廟誌》，頁 26。資料來源：三隆宮管理委員會，筆者田野調查，地點：屏東縣琉球鄉碧雲寺，日期：2019 年 4 月 5 日。
〔註161〕陳錦宗，民國 30 年（1941～）生，約民國 65 年（1976）到玄樞院服務，今已退休，目前仍在院中當義工。據院中的同修表示，院中大小事，他最為清楚，如混元法舟。
〔註162〕陳錦宗贈《玄門雜誌・混元法舟》第 50 期；張榮豐（男，玄樞院副董事長）贈《混元法舟專輯》。

後與「西臺慈惠堂」共覓一處建院，於民國 64 年（1975）開山建院。〔註163〕
形成前堂後院（前是慈惠堂，後是玄樞院）。

（一）無極混元玄樞院沿革及著造玄門秘笈

「玄樞院」，位於臺南市關廟區深坑二街深坑里 52 巷 15 號。〔註164〕據
〈玄樞院碑文沿革〉記載：「民國 62 年（1973）於臺南市『南陽聖堂』奉『無
極瑤池金母』懿旨命設『玄樞院』。【圖 4-32】

圖 4-32：臺南關廟無極混元玄樞院

【黃永財拍攝：2018/11/21】

玄樞院的「玄門秘笈」是藉鸞乩發揮，揮鸞闡教，開科著造。開科承著
是奉玉帝玉詔，賜著玄門秘笈，由玄樞院承擔。並欽奉瑤池金母懿旨著造，
奉命每逢三、六、九日為著期，參加著生來自高雄、鳳山、臺北、南投、臺中
等地區。

玄門秘笈經六年（民國 64 年至民國 70 年）著作，完成上、下二卷，宜
舉行付梓繳書清醮大法會，以繳旨呈報上蒼。法會總主醮人，院主主持，清
醮誦經，由屏東縣潮州鎮的鄭大法師主持，南洲南意宮、枋寮德興宮等法師，
及玄樞院誦經生贊誦。〔註165〕建醮目的，是在啟群生，普三界，救十方魂，
所以誦經禮懺計有觀世音普門品、阿彌陀經、五斗眞經、金剛寶懺等。

〔註163〕摘錄自〈無極混元玄樞院碑文沿革〉，資料來源：筆者田野調查，地點：臺
　　　　南市關廟區玄樞院，日期：2018 年 11 月 21 日。
〔註164〕舊址：臺南縣關廟鄉深坑村 66 之 76 號。
〔註165〕法會總主醮人張金德，院主郭南洲主持，清醮誦經，由屏東縣潮州鎮鄭水定
　　　　大法師主持。摘錄自戴昌明彙編：《混元法舟專輯》（臺南縣：玄門弘法聖會，
　　　　1992 年 7 月），頁 56、57。

（二）混元法舟由來

「法船」是法會舉行送聖儀式，恭送諸佛菩薩、六道眾生往生清淨佛國，所乘載的船。臺灣目前水陸大法會、中元普渡可見法船，如屏東滿州鄉萬法寺、麟洛鄉東照寺，近年皆於法會後燒法船。〔註166〕而玄樞院混元法舟放航後，如有撿拾者，三年後應當歸還，再重新放航，所以不燃燒。與中國東南沿海一帶，傳統上所施放的王船為驅瘟，目的及習俗是不同。

玄樞院，揮鸞托荷，開科著造玄門秘笈完成，民國70年（1981）國曆5月16日至18日（農曆4月13、14、15日）舉行「玄門秘笈繳書清醮大法會」三天，玄門秘笈分天、地、人三部繳書焚化。並奉瑤池金母懿旨，於同年國曆5月26日（農曆4月23日）建造慈航（法舟），日後再將焚化之天書聖灰，送入汪洋大海，令有德者得之。於是玄樞院建造「混元法舟」乙艘，長4尺2寸，以整塊木料雕刻而成，雕有主航、副航、水手、舵手、船長等。且艙內備有五穀食糧、山珍海味及聖旗乙面，玉皇大天尊詔書乙封、玄門秘笈乙冊，聖灰三袋，有如金銀財寶滿船歸。〔註167〕【圖4-33】

圖4-33：原臺南關廟玄樞院混元法舟（第一艘）現奉祀三隆宮殿內

【黃永財拍攝：2019/1/2】

玄樞院奉祀神明是集儒道釋為一家，當玄門秘笈著造完成，院中神明登

〔註166〕王俊凱：《屏東地區迎王祭典之研究——以下淡水溪和隘寮溪流域為主》（新北市：國立臺北大學民俗藝術研究所碩士論文，2009年8月），頁24。

〔註167〕受訪者：陳錦宗（男，玄樞院退休廟祝），訪談者：黃永財，地點：臺南市關廟區玄樞院，日期：2018年12月3日。參用財團法人無極混元玄樞院：〈混元法舟〉，《玄門雜誌》第50期（臺南縣：玄門雜誌社，1984年7月），頁3。

鸞降詩，將揮鸞闡教的鸞章訓文彙編成冊，付梓發書。另外，玄樞院建造混元法舟，舟上載有玄門秘笈乙冊等聖物，以遊地河（沒有燃燒舟）方式放遊。

（三）混元法舟首次放航

民國70年（1981）國曆6月7日（農曆5月6日）上午10時，玄樞院全體院生，一行百餘人，在主任委員、院主率領下，隊伍由總幹事擔任總指揮，到達高雄市林園區中芸漁港渡船場。同日11時正，船開航，約11時15分，渡輪進入大海中，向小琉球方向航行。航行中，由屏東縣潮州鎮鄭大法師主持，並由玄樞院的誦經生誦經，航行距離中芸漁港約五海浬，開始鳴炮，將混元法舟放入大海中。〔註168〕【圖4-34、圖4-35、圖4-36】

圖4-34：臺南關廟玄樞院混元法舟首次放航（1）

照片來源：《混元法舟專輯》，玄樞院提供【黃永財翻攝：2019/3/1】

圖4-35：臺南關廟玄樞院混元法舟首次放航（2）

照片來源：《混元法舟專輯》，玄樞院提供【黃永財翻攝：2019/3/1】

〔註168〕主任委員張金德、院主郭南洲率領下，隊伍由總幹事吳進益擔任總指揮，鄭水定大法師主持。摘錄自財團法人無極混元玄樞院：〈混元法舟〉，《玄門雜誌》第50期（臺南縣：玄門雜誌社，1984年7月），頁3、4。

圖 4-36：臺南關廟玄樞院混元法舟首次放航（3）

照片來源：《混元法舟專輯》，玄樞院提供【黃永財翻攝：2019/3/1】

　　法舟放航狀況，據玄樞院老廟祝表示：混元法舟並沒有安裝機械，也無人操作，剛開始的方向是正西南，慢慢轉為西北。而玄樞院的同修猜測，法舟應由枋寮方向航行進入臺灣海峽，但也有人說，有可能朝向西南漂遊進入太平洋。而最後會漂遊到何處，眾人猜測不一。

　　玄樞院全體院生一行人放航後，據混元法舟首航實況作者記載：混元法舟放航後，玄樞院的同修們乘坐渡船，繞行法舟一圈，看著漂遊遠去，大概是中午 12 時左右，到達小琉球，前往「靈山寺」拜拜，受到執事人員接待。大約下午 4 時由小琉球返回林園中芸漁港。〔註 169〕

二、混元法舟停泊小琉球

　　混元法舟自高雄市林園區中芸漁港放航後，據玄樞院老廟祝說，依照放舟當日的氣候風向，法舟應該循沿海南流到枋寮西方，或向西南方面直流，往南洋漂流才對。而混元法舟竟然逆向行駛，停泊在小琉球的西北方。這如玄樞院稱「有德者得之」。

（一）退役老士官發現小舟

　　民國 70 年（1981）國曆 6 月 7 日（農曆 5 月 6 日）上午 10 時，玄樞院到高雄林園中芸漁港渡船場，離中芸漁港約五海浬，將混元法舟放入大海中。隔日（國曆 6 月 8 日），在小琉球西北方杉福村海灘外 5、6 公尺處停泊，約上午 5 時，被一位早起運動的退役老士官發現，原想自己可以將小舟拉上岸，但是動彈不得，向附近的部隊報告，部隊於是派人協助，將小

〔註 169〕財團法人無極混元玄樞院：〈混元法舟〉，《玄門雜誌》第 50 期（臺南縣：玄門雜誌社，1984 年 7 月），頁 4。

舟拉上岸。〔註170〕

　　玄樞院退休廟祝陳錦宗說：混元法舟是在臺南安平一家雕刻社製作的，錨是假錨，漂遊到小琉球停泊，有如一般船隻停泊時下了錨，牢牢釘勾在水底中，需要動用數人才可拉起，被拉上岸後，發現法舟上有糧食，還有玄門秘笈精裝本二冊，錦囊乙個（一封詔文，俗稱聖旨，用黃緞書寫。）。〔註171〕

　　相關混元法舟停泊小琉球杉板路海岸情形，蔡坤峰的〈小琉球大令迎王記〉描述：

> 辛酉五月初旬，邊軍巡防，深更北空，笙樂陣陣脆悅，燈輝熠熠如晝，從遠而近，隱而現，頓覺似異。曙色臨，望一巨舶，緩緩朝澳南行。天明，舟中無人，艤舟泊澳濱毫釐不差，見金尊舵工，栩栩如生，其船身，粉金龍王雙鳳，彩繪文衡八寶，帆檣流影，斿旒揚揚，繡書「無極混元三聖大天尊」。

> 鄉人聞至百千者，觀之，日用器皿，食服餐味悉備。有柬文：府城關廟，三聖法駕，南巡臺海，安疆護城。仕紳執事長者贊祀之。涓季夏初一吉辰，鐘鼓迎之，晉座三隆宮，官民如期鳩聚，禮成拈香。〔註172〕

筆者在民國108年（2019）2月19日，踏查昔日混元法舟的停泊處，由曾經到停泊處觀看並家住杉福村的村民〔註173〕做嚮導。一路經過草叢踏著小礁石階而下，到達肚仔坪海灘。此處原有部隊駐防，營區現今已拆除，而目前搭建鐵架地方，據說原本要外包蓋大型民宿，後經地方民宿業者反彈，全部建案停置，至今已二年多。海岸旁的部隊崗哨未拆除，法舟停泊大概是崗哨前方位置，當初發現法舟時是傾斜停泊，船上載有許多物品，船身小燈還閃亮著。【圖4-37】

〔註170〕財團法人無極混元玄樞院：〈混元法舟〉，《玄門雜誌》第50期（臺南縣：玄門雜誌社，1984年7月），頁6。

〔註171〕受訪者：陳錦宗（男，玄樞院退休廟祝），訪談者：黃永財，地點：臺南市關廟區玄樞院，日期：2018年12月17日。

〔註172〕蔡坤峰：〈小琉球大令迎王記〉，收錄未出版的《三隆宮廟誌》，頁25、26。資料來源：三隆宮管理委員會，筆者田野調查，地點：屏東縣琉球鄉碧雲寺，日期：2019年4月5日。

〔註173〕林明通（男，戊戌正科祭典會理事，住屏東縣琉球鄉杉福村），混元法舟停泊杉福村肚仔坪時，林明通曾前往現場觀看。

圖 4-37：昔日混元法舟停泊小琉球杉板路海岸崗哨附近

混元法舟
大概停泊處

【黃永財拍攝：2019/2/19】

　　據嚮導說，發現法舟是位姓「薛」老士官，庄內叫他「薛」班長。但另有指出是姓「徐」、「許」、「石」〔註174〕。考證這位退役老士官的姓名，前往琉球鄉戶政事務所，承辦人聽筆者陳述後，就說不用查，是徐有乾，姓「徐」沒錯。他是住在我家隔壁第四間，我家是第一間（復興路，靠近全德國小），徐班長已往生。至於混元法舟的停泊處，是在杉福村肚仔坪的部隊崗哨遺蹟前方處沒錯。〔註175〕

（二）三隆宮化解混元法舟爭執

　　混元法舟抬上岸後，部隊派政戰官作安全檢查，確定沒有安全顧慮，將法舟交給徐有乾處理。但是，部隊裡有位屏東縣籍的石姓班長，想在退伍後帶回家鄉奉祀，在兩方爭執不下之際，三隆宮三府千歲起駕指示：本島有一法舟泊岸，將帶給島上福運平安，要島民迎回奉祀。〔註176〕最後蘇逢源（時任三隆宮總幹事）出面化解，將法舟迎回三隆宮奉祀。

　　兩位爭奪法舟，除非對「船」的信仰有瞭解，否則一般人是不會輕易想要的。因為尚未知道是一艘法舟前，會被認為是一艘王船，王船由原始的瘟

〔註174〕鄭華陽編著：《字繪琉嶼──琉球信仰側記》（屏東縣：屏東縣立琉球國民中學，2018年10月，初版），頁54、80。

〔註175〕徐有乾是被含笑婆「招的」（入贅）。領養一位女兒叫徐○玉，已結婚，生母是陳林○霞，是否住在琉球鄉，不方便說。受訪者：陳雅頌（男，琉球鄉戶政事務所承辦員），訪談者：黃永財，地點：琉球鄉戶政事務所，日期：2019年3月13日。

〔註176〕財團法人無極混元玄樞院：〈混元法舟〉，《玄門雜誌》第50期（臺南縣：玄門雜誌社，1984年7月），頁6。

王船，變成現今的代天巡狩王爺船，從早期的「閉戶避遊」，過渡現今的「舉城迎送」。〔註177〕即使現今不再是瘟王船，要以個人私奉「船」，似乎沒有那麼簡單。

「船」從具有實用功能的交通工具，在宗教信仰中被轉化為具有「逐疫」功能的法具，此類具有法術性的船稱之「法船」。法船在早期的傳統信仰習俗中，通常用於逐瘟疫，又稱「瘟船」，在閩臺地區由於王爺（千歲爺）所乘，故稱「王船」。〔註178〕

混元法舟是載著焚化的三部經書上稟天庭，並非一般的送瘟船，不是王船。有研究者對混元法舟與王船沒有釐清，其敘述：「從別處漂來的『王船』若選擇留下來，就供奉在廟中，迎王時候會被扛出來繞行，而除了小琉球之外，其它的地方撿到王船就燒掉。因為古代認為撿到王船是不祥的，王船代表瘟疫由別處送來。」〔註179〕

上述，從別處漂來的的王船應指混元法舟，小琉球迎王祭典時，混元法舟被扛出遶境四角頭（四天），同時接受添載。

除了在小琉球撿拾「混元法舟」之外，目前似乎未有其他地方傳聞過。而「撿拾海漂王船」的神話，在臺灣西南沿海一帶王爺廟，普遍發生。例如，臺南市安定區蘇厝長興宮，首科王醮是清乾隆 37 年（1772），初以「放水流」（遊地河）方式送王，首科王船曾泊靠曾文溪北岸的「下宅十八欉榕凹湖仔」，為陳朝智發現，後奉迎入八份「姑媽宮」，39 年後，被迎入西港「慶安宮」。聽說西港慶安宮為「溯本思源」，王船祭典在蘇厝送王後一個月才舉行，以示尊重。〔註180〕

（三）混元法舟的小木人

混元法舟泊岸在杉福村，消息傳遍小琉球全島。三隆宮三府千歲為了安祀法舟，特別挑選良辰吉日安座，但是，吉時將近，三府千歲卻無法起駕，使三隆宮執事人員著急。經對法舟有經驗的人指點，法舟上可能缺了

〔註177〕黃文博：《南瀛王船誌》（臺南縣：臺南縣文化局，2000 年 2 月，初版），頁 21。
〔註178〕李豐楙總編：《東港迎王——東港東隆宮丁丑正科平安祭典》（臺北市：臺灣學生書局，1998 年 10 月，初版），頁 94、95。
〔註179〕蔡詩雯：《小琉球的語言、史事與民俗研究》（高雄市：國立高雄師範大學臺灣文化及語言研究所碩士論文，2007 年），頁 74。
〔註180〕黃文博：《南瀛王船誌》（臺南縣：臺南縣文化局，2000 年 2 月，初版），頁 56、57。

什麼，要補齊才能安座。經檢查後，發現缺少五名水手。三隆宮用廣播車繞島廣播，經過廣播後，有位漁民帶著四個小木人交到三隆宮，據說是捕魚苗的漁民撿拾到的。另有一位是從事捕魷魚的漁民又送來一個小木人，終於將五名水手補齊，此時三府千歲才起駕，並指示要安祀在三隆宮內殿左側。〔註181〕

舟上缺少水手無法啟動，也發生過在臺南市安定區蘇厝長興宮，是在清道光6年（1826）王醮後，舉行放王船，但王船卻不動，執事者驚之，於是焚香請示，經由童乩出示，船上水手被許頦仁帶走，他在十三歲，隨其父親到此看熱鬧，一時好奇，擅自帶走兩尊王船水手，待執事趕到許宅，果然水手在許宅，後來將水手請回船，船隨即開航。〔註182〕

玄樞院副董事長曾前往三隆宮，觀察混元法舟，發現小木人少一個，據三隆宮向他說：小琉球漁民出海作業為祈求豐收，帶回小木人，奉祀在漁船上，回航後再歸還。然而有的漁民真的豐收，捨不得歸還，不過，最後還是將小木人歸位。〔註183〕另一則，法舟前方小木偶，曾被信徒拿走，「遺失」約3年，戊戌科迎王祭典前才歸位。〔註184〕

（四）法舟牽引交流

混元法舟停泊小琉球，法舟上留敬告文：「有福運者拾得時，除應妥予安奉鎮位，並即請盡速通知本院。」〔註185〕在敬告文上留有院名、地址、電話。三隆宮蘇逢源打電話通知玄樞院，玄樞院接到通知後，前往小琉球，三隆宮執事到白沙尾漁港迎接〔註186〕。【圖4-38】

玄樞院早期（民國70年〔1981〕）與三隆宮互動，大約每個月會去小琉球一次，出門多半是老廟祝帶著鸞筆，移鸞三隆宮濟世，殿內擠滿信徒

〔註181〕財團法人無極混元玄樞院：〈混元法舟〉，《玄門雜誌》第50期（臺南縣：玄門雜誌社，1984年7月），頁6。
〔註182〕黃文博：《南瀛王船誌》（臺南縣：臺南縣文化局，2000年2月，初版），頁64。
〔註183〕民國106年（2017）3月26日，張榮豐（玄樞院副董事長）前往三隆宮私人參訪。受訪者：張榮豐（男，玄樞院副董事長），訪談者：黃永財，地點：臺南市關廟區玄樞院，日期：2019年1月23日。
〔註184〕受訪者：李永賢（男，混元法舟轎班），訪談者：黃永財，地點：屏東縣琉球鄉老人活動中心，日期：2019年5月8日。
〔註185〕戴昌明彙編：《混元法舟專輯》（臺南縣：玄門弘法聖會，1992年7月），頁129。
〔註186〕據〈混元法舟〉，《玄門雜誌》第50期，頁20，圖片左上1，可看出三隆宮執事們在白沙尾漁港（背後是白龍宮旅社），等待玄樞院人員到來。

問事。玄樞院訪道團曾在三隆宮榕樹下講道〔註187〕。【圖4-39】如民國70年（1981）國曆7月4日（農曆6月3日），玄樞院瑤池金母登鸞，降詩：「琉球造化納天時，三合天干應地支，隆得法舟民造福，宮承懿詔天道院。」〔註188〕天道院是「琉球天道院三隆宮」。

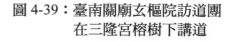

圖4-38：小琉球三隆宮執事到白　　圖4-39：臺南關廟玄樞院訪道團
　　　　　沙尾漁港，迎接臺南關　　　　　　　在三隆宮榕樹下講道
　　　　　廟玄樞院人員

照片來源：《混元法舟專輯》，玄樞院提　　照片來源：《混元法舟專輯》，玄樞院提
供【黃永財翻攝：2019/3/1】　　　　　供【黃永財翻攝：2019/3/1】

　　琉球鄉在民國70年（1981）國曆10月27日，發生臺灣第一件登革熱的病例，全鄉患者人數高達90%以上，雖未造成人員死亡，但使當地居民損失甚重，病媒由南洋諸島傳入。〔註189〕玄樞院無極混元玄玄上人登鸞降詩關切，指出混元法舟要巡鎮於天道院三隆宮，玄樞院諸生奉旨移鸞。降詩：「李心正念勿神欺，先後淵源局有奇，化解疫瘟求符飲，瘟神收疫幸生宜。」〔註190〕

　　玄樞院無極混元玄玄上人，曾以登鸞降詩給三隆宮執事者，降詩：「玄門法舟琉球鎮，真道皈元不久長，『逢』應天時登九品，『源』流道脈始如終。」〔註191〕詩內出現「逢、源」，就是蘇逢源（時任三隆宮總幹事）。後

〔註187〕據〈混元法舟〉，《玄門雜誌》第50期，頁9圖片所示。
〔註188〕戴昌明彙編：《混元法舟專輯》（臺南縣：玄門弘法聖會，1992年7月），頁88。
〔註189〕洪義詳主修、林澤田總編纂：《琉球鄉志》（屏東縣：屏東縣琉球鄉公所，2006年12月），頁326。
〔註190〕無極混元玄玄上人登鸞降詩日期：民國70年（1981）國曆11月1日（農曆10月5日）。摘錄自戴昌明彙編：《混元法舟專輯》（臺南縣：玄門弘法聖會，1992年7月），頁95。
〔註191〕無極混元玄玄上人登鸞降詩日期：民國70年（1981）國曆11月1日（農曆

來雙方執事者替換或凋零，逐漸淡化，又自從玄樞院鸞生凋零後，不再有正式互動，只有私人走動。〔註192〕

三、造王船與獨立迎王

王船是代天巡狩千歲爺所乘的船，也是千歲爺押送疫鬼邪祟的船，故王船與迎王、送王的儀式是密不可分。小琉球三隆宮欲獨立自辦完整迎王平安祭典，就需要製造一艘迎王的王船，而且是艘具有「魚王船」的色彩，同時有「王船遶境」、「半夜燒王船」，這與嘉南一帶的王船祭不一樣。

（一）混元法舟永留三隆宮

混元法舟鎮座小琉球三隆宮後，紛傳顯赫事蹟，據當地陳天才〔註193〕說起三件事蹟故事，第一件：一艘「連載祥號」漁船，出海作業漁獲量不好，船長及船員叫苦連天，想盡辦法，還是無法好運（漁獲多）。在法舟鎮座第三天，船長帶領全體船員、家眷等，前往三隆宮向混元法舟祈願，祈求漁船出海作業滿載豐收。果真翌日起一連數日，天天滿載而歸。第二件：「新裕興號」漁船，出海作業十多天，不見返航，又遭逢兩次颱風，家人向混元法舟禱告，擲筊請示吉凶，法舟指示可平安歸來，果真平安返航。第三件：住在大福村的一位陳姓婦人，女兒已經五足歲，不曾開口說話，在法舟停泊的第五天，向混元法舟許願，結果當夜即夢見一位仙家，在小女孩臉上指指點點，翌晨，陳姓婦人竟聽女兒叫「媽媽」。〔註194〕

混元法舟停泊小琉球，在民國73年（1984）國曆6月，三年將屆停泊期限，必須歸還玄樞院重啟放航。民國72年（1983）國曆4月17日（農曆3月5日），玄樞院移鸞小琉球玄靈宮保生壇，神明南宮孚佑帝君登鸞降詩「先告知」，詩：「玄門道脈學皈元，靈揖慈航早日還，宮鎮鍾靈赤子渡，保生壇應莫心煩。法舟朝母入琉球，三載期間必應求，懿旨莫違知天命，自然造化莫

10月5日）。摘錄自戴昌明彙編：《混元法舟專輯》（臺南縣：玄門弘法聖會，1992年7月），頁94。

〔註192〕郭翠鶯（玄樞院誦經團）、張榮豐（玄樞院副董事長）等，曾以私人身分到三隆宮走訪。

〔註193〕陳天才住琉球鄉中福村三民路，是大豐製磚廠、大生建材行的老闆。摘錄自戴昌明彙編：《混元法舟專輯》（臺南縣：玄門弘法聖會，1992年7月），頁74。

〔註194〕戴昌明彙編：《混元法舟專輯》（臺南縣：玄門弘法聖會，1992年7月），頁74、75。

煩憂。」〔註 195〕

　　但是小琉球鄉民實感念慈航恩典，以及法舟帶來福運，有求必應的靈感，不願遵照旨意按期歸還，而由三隆宮執事們，召集全島居民共同決定置天壇及素齋十天，向上天懇求延期混元法舟停留期限，經玉皇大帝諭准。〔註 196〕最終取得混元法舟指示，永留小琉球三隆宮。

（二）法舟指示建造王船

　　小琉球早年在島上自辦的送王儀式，並沒有製造王船，所送的僅是虛無而想像的「瘟王」，把瘟王送到東港後，由東港東隆宮的「溫王爺」接領，再一同乘東港東隆宮的王船遊天河，因此小琉球的迎王日期都在東港東隆宮之前。〔註 197〕換句話說，所請的王，在島上遶境後，因為沒有造王船，就沒有燒王船遊天河，所以迎王務必在東港東隆宮之前，將所請的王象徵性由東港東隆宮的王船一併代送。

　　混元法舟在小琉球三隆宮駐駕後，適逢民國 71 年（1982）三隆宮擴建完備，欲建立完整的迎王祭典，主要是「送王船」。自從擁有混元法舟之後，法舟指示三隆宮必須「自建王船」〔註 198〕，而「法舟」就是建造王船的正統依據。〔註 199〕然而原倡議辦理壬戌科（1982）建造王船，以時間倉卒，又恐科儀不備，所以延宕。

　　到了民國 74 年（1985）迎王科期前，民眾向三隆宮王爺及法舟請示迎王日期，據參與三隆宮迎王平安祭典有 42 年的頭筆黃清進說：當四駕發起來，法舟指示迎王科期時間，經三次請示都是要在東港東隆宮迎王祭典之後。〔註 200〕善信再三懇求，法舟仍不肯將日期提前，信徒們才商議自造王船，

〔註 195〕戴昌明彙編：《混元法舟專輯》（臺南縣：玄門弘法聖會，1992 年 7 月），頁 104。

〔註 196〕財團法人無極混元玄樞院：〈混元法舟〉，《玄門雜誌》第 50 期（臺南縣：玄門雜誌社，1984 年 7 月），頁 10。

〔註 197〕劉還月：《臺灣的歲節祭祀》（臺北市：自立晚報社文化出版部，1991 年 8 月，第一版），頁 176。

〔註 198〕戴文鋒：《重修屏東縣志·民間信仰》（屏東市：屏東縣政府，2014 年 11 月），頁 111。

〔註 199〕黃文博：《臺灣信仰傳奇》（臺北市：臺原出版社，1989 年 8 月，第一版），頁 182。

〔註 200〕受訪者：黃清進（男，三隆宮頭筆副組長），訪談者：黃永財，地點：屏東縣琉球鄉碧雲寺，日期：2019 年 3 月 13 日。

獨立舉行三年一科的迎王盛會。〔註201〕

　　法舟不肯將日期提前，信徒們才商議自造王船。其實是三隆宮自從擁有法舟後，民國74年（1985）乙丑科，時科巡委員就有意自造王船〔註202〕，自己有迎王的王船，又何必把想像的瘟王，由東港東隆宮代送，所以順著法舟指示，迎王科期就沒必要趕著要在東港東隆宮之前。

（三）乙丑年獨立迎王首科

　　自從擁有混元法舟後，被玄樞院誥封「琉球天道院三隆宮」，自此，民國70年（1981），三隆宮乃與東港東隆宮「正式分離」。〔註203〕所謂正式分離，不再將虛無而想像的瘟王，把瘟王送到東港後，由東港東隆宮王船代送遊天河。換句話說，完全脫離東港東隆宮的祭祀圈。

　　民國71年（1982）壬戌科以前，小琉球辦理單純遶境迎王活動，尚無「送王船」的祭儀，尚不能稱完整的「迎王」祭典活動。但又以時間倉卒，科儀不備，所以在民國74年（1985）乙丑科，由時任總幹事蘇逢源出資兩萬元，由陳瑞明到屏東縣東港鎮參與東隆宮內司，學習相關禮儀，並與東港鎮林坤廷鑽研禮儀程序，回小琉球建立制度。〔註204〕

　　琉球鄉在民國60年至74年（1971～1985）的人口數皆約1萬5千人左右。而民國70年（1981）15,558人；民國74年（1985）15,234人〔註205〕，是人口最多時期之一，在人力、財力的動員，是獨立自辦迎王祭典的時機。因此在乙丑科（1985）建造第一艘木製「迎王王船」，正式舉行「迎王」祭典儀式，乙丑科是小琉球「獨立迎王」的首科。

　　民國74年（1985）乙丑科迎王平安祭典，正式迎送王船（木製），王船組長蔡萬可。科巡日期經由王爺及法舟降駕指示，均在屏東縣東港鎮東隆宮王船祭之後，約在農曆10月上旬前後（東港約為農曆9月中下旬）。大

〔註201〕劉還月：《臺灣的歲節祭祀》（臺北市：自立晚報社文化出版部，1991 年 8 月，第一版），頁 176。

〔註202〕小琉球王船組著作、鄭華陽編纂：《船心傳藝──乙未正科王船建造紀錄手冊》（無出版地、出版社、日期），頁 25。

〔註203〕洪義詳主修、林澤田總編纂：《琉球鄉志》（屏東縣：屏東縣琉球鄉公所，2006 年 12 月），頁 326。

〔註204〕小琉球王船組著作、鄭華陽編纂：《船心傳藝──乙未正科王船建造紀錄手冊》（無出版地、出版社、日期），頁 10。

〔註205〕洪義詳主修、林澤田總編纂：《琉球鄉志》（屏東縣：屏東縣琉球鄉公所，2006 年 12 月），頁 208、202～204。

總理是蔡雨（杉板路），所迎請的王爺是「趙」大千歲，迎王平安祭典程序共七天。程序：請王一天、遶境為四天、王船遶境一天、送王一天，共為七天。

表 4-7：民國 74 年（1985）乙丑科，迎王平安祭典遶境隊伍一覽表

序號	寺廟、角頭	寺廟、神明（三尾裕之原作）	備註（筆者補充）
1	三隆宮	先鋒官［人職］	
2	三隆宮	溫王隊	
3	白沙尾角	福泉宮（土地公）	
4	白沙尾角	水仙宮	
5	白沙尾角	水仙宮—五毒隊	五毒大神，神將
6	白沙尾角	騰風宮	大眾千歲
7	白沙尾角	佛祖—廣山隆	黃府千歲
8	白沙尾角	觀音佛祖［手輿］	手轎
9	白沙尾角	上帝公	真武堂—北極玄天上帝
10	白沙尾角	幸山堂	廣澤尊王
11	白沙尾角	十三太保［神將］	廣澤尊王
12	白沙尾角	三仙宮	三仙姑
13	白沙尾角	泰興壇	廣澤尊王
14	白沙尾角	金府千歲	李厝
15	白沙尾角	如來佛祖	靈如寺
16	白沙尾角	靈山寺	五府千歲
17	白沙尾角	靈山寺	
18	白沙尾角	靈山寺班頭隊［神班］	
19	白沙尾角	池隆宮	池府千歲
20	白沙尾角	田王爺［手輿］	手轎
21	杉板路角	福安宮（土地公）	
22	杉板路角	許府千歲	旨元宮
23	杉板路角	崗山佛祖	應在大寮角
24	杉板路角	哪吒元帥	花矸仔—太元宮
25	杉板路角	溫府千歲	福隆宮
26	杉板路角	天官大帝	王母宮

27	大寮角	福安宮（土地公）	
28	大寮角	水興宮	水仙尊王
29	大寮角	聖后宮	天上聖母
30	大寮角	代天巡按院	待查
31	大寮角	二府元帥	本安府
32	天臺角	福安宮（土地公）	
33	天臺角	番子厝福德正神	
34	天臺角	池府千歲〔手輿〕	厚石—洪厝
35	天臺角	南福福安宮	南潭—中營福安宮
36	天臺角	大聖爺	井仔口—清壇
37	天臺角	天上聖母	天臺頂
38	天臺角	許府千歲	
39	天臺角	五王宮	南福村五府千歲
40	天臺角	池府千歲	池南宮
41	天臺角	保生大帝	陳厝
42	天臺角	姚池宮	姚府千歲
43	碧雲寺	觀音佛祖	
44	碧雲寺	觀音菩薩	
45	三隆宮	三府千歲	
46	三隆宮	宋江陣〔陣頭〕	
47	三隆宮	王馬	
48	三隆宮	中軍附	
49	三隆宮	五千歲	
50	三隆宮	四千歲	
51	三隆宮	三千歲	
52	三隆宮	二千歲	
53	三隆宮	科巡參事〔神職〕	
54	三隆宮	科巡理事〔神職〕	
55	三隆宮	科巡副總理〔神職〕	
56	三隆宮	大吹〔神吹〕	
57	三隆宮	大鑼〔神器〕	
58	三隆宮	班頭〔神班〕	
59	三隆宮	內書〔侍從〕	內司

60	三隆宮	科巡大總理［人職］	
61	代天巡狩	大千歲	

資料來源：

1. 三尾裕子：〈臺灣漢人の宗教祭祀と地域社會〉，《國立民族學博物館研究報告別冊》，頁 120。

2. 表中的寺廟及神明紀錄不足地方，筆者在備註欄做補充。

四、擇日動員迎王

小琉球三隆宮迎王的日期由觀輦駕儀式或擲筊的方式來決定，故每一科迎王日期不相同，如民國 56 年（1967）丁未科農曆 9 月 16 日；民國 59 年（1970）庚戌科農曆 6 月 19 日；民國 65 年（1976）丙辰科農曆 3 月 3 日。

到了民國 71 年（1982）壬戌科以後，就以農曆 9 月或 10 月為迎王月，稱「東港迎煞，換小琉球迎」（東港迎王後，接著小琉球迎王）〔註206〕，也方便移居東港的小琉球人，三年一科的十天迎王祭典做安排。（移居東港的小琉球人，有可能參與東港、小琉球迎王祭典工作。）

（一）扶輦擇日

小琉球三隆宮「扶輦擇日」的制度，即是迎王的日期由觀輦駕的形式由三府千歲欽定。民國 71 年（1982）以前，都是在各迎王科年的當年農曆 2 月 19 日開始進行觀輦駕的儀式，該日是琉球鄉位階最高的寺廟碧雲寺觀音媽聖誕，也是全鄉每年一次慶典大事。從民國 74 年（1985）乙丑科開始，則改為農曆 1 月 18 日開始。

民國 83 年（1994）甲戌科，祭典委員會開創設「密函」制度，由大總理預先擬妥密函，藏入三府千歲衣袍內。在該科扶輦數日後，有一人進入殿內神龕偷取密函，導致此制未能實行。民國 86 年（1997）丁丑科，開始嚴密警戒，順利完成。到了民國 92 年（2003）癸未科農曆 1 月 18 日擲筊結果指示，本科依往例觀輦駕擇日。

〔註206〕一般而言，是東港迎王後，接著是小琉球迎王。但辛丑正科（民國 110 年〔2021〕），小琉球比東港早舉辦迎王平安祭典，日期：小琉球迎王，農曆 9 月 3 日～9 月 9 日（國曆 10 月 8 日～10 月 14 日）。東港迎王，農曆 9 月 19 日～9 月 26 日（國曆 10 月 24 日～10 月 31 日）。但是疫情嚴峻，小琉球迎王日期有改變。

　　民國 92 年（2003）農曆 8 月三隆宮新廟建成，民國 95 年（2006）丙戌
科及 98 年（2009）已丑科均以大總理擲筊的方式來決定迎王日期。但在民國
101 年（2012）壬辰科，三府千歲再度指示以觀輦設密函的方式擇日，密函是
由平安祭典的總幹事請示王爺後，密封在錦囊中置於大殿上。〔註207〕

　　觀輦駕，以民國 92 年（2003）癸未科為例，略述其過程如下：

　　　農曆 1 月 15 日，置天壇香案，三天後擲筊請示科巡有關事項。香
　　　案上供奉碧雲寺觀音佛祖、三隆宮三府千歲。農曆 1 月 18 日，置
　　　滿香案三天，擲筊結果指示：本次科巡日期及相關事項，依往例由
　　　觀輦駕處理。下次科巡起，因新廟已建成，設有中軍府，改由擲筊
　　　決定。另在正殿神尊前面供桌左方擺設坐椅及淨香爐等，以供欽差
　　　大人攜玉旨前來或老王回宮時接待之用。每天參拜四次，即：玉皇
　　　大天尊、廟內、輦駕、旗杆。上午 8 時參拜後，即將寄駕輦駕（觀
　　　音佛祖居大邊，三府千歲居小邊。）二頂扛出，開始觀輦。時間為
　　　每天上午 8 時至晚上 9 時（必要時延長到 10 時），中午不休息。農
　　　曆 2 月 24 日，因觀駕已進入第三十七天，為歷科之冠。於是大總
　　　理及相關人員一起向三府千歲請示。經三聖杯指示，今天即可降駕。
　　〔註208〕

觀輦駕進入第三十七天，終於在農曆 2 月 24 日的下午 5 時 8 分，池府老千歲
降駕，宣示大總理親書密函「大圓滿」。經大總理蔡贊田從鎮殿老池王衣袍內
取出密函，當眾宣讀證實無誤。池府老千歲宣示內容：「癸未科代天巡狩大『圓
滿』大吉日為 9 月 26 日，並作數點指示後退駕。」農曆 2 月 25 日上午 7 時
30 分，全體執事人員穿禮服，拜謝恭送欽差大人，並恭送觀音佛祖回碧雲寺
安座。〔註209〕

　　民國 92 年（2003）癸未科，觀輦駕天數之久是歷科最多，扛輦皆由琉球
鄉內人士義務擔任，期間午、晚餐點、茶水、檳榔、香菸等，都是信徒寄付，
並有捐獻現金。另有小琉球地方耆老許奪的〈迎王觀輦看日順口溜〉：

〔註207〕資料來源：三隆宮管理委員會，筆者田野調查，地點：屏東縣琉球鄉碧雲寺，
　　　　日期：2019 年 4 月 5 日。
〔註208〕資料來源：三隆宮管理委員會，筆者田野調查，地點：屏東縣琉球鄉碧雲寺，
　　　　日期：2019 年 4 月 5 日。
〔註209〕資料來源：三隆宮管理委員會，筆者田野調查，地點：屏東縣琉球鄉碧雲寺，
　　　　日期：2019 年 4 月 5 日。

弟子壇前三拜請，拜請王爺公腳勤快卡有影，扛久肩頭擱會痛，觀的觀久會嗽聲，我講的攏有影，四駕著緊行，不通擱定定，拜請王爺公著緊到，檳榔吃著千外口，煙吃了歸百口，涼水一人喝三甌，強強喝不夠，才用愛玉甲田草，果子達項攏總有，也有棗仔甲蓮霧，傳甲達項攏昭著，也有小玉甲香蕉，傳著滑阿項，中晝吃肉粽，肉粽吃著會嘴乾，路尾煮飯配豬腳，豬腳吃甲足歡喜，有人叫桌煮魚刺。

十八著觀起，觀甲來是廿四，廿四王爺有採乩，馬看迎王好日子，講伊是池王到，大家打卜仔甲放炮，對桌頂出三字乎恁看，正正是大圓滿，三字臆有對，講伊廿五馬請水，水王請代先，廿六馬遶境，叫恁各人吃菜吃乎清，不通入去恁某的房間，王爺公知影無同情，咱哪有聽王爺的金言，合境平安在眼前。〔註210〕

地方耆老順口溜，道出觀輦看迎王日其過程是件艱巨的任務，每天上午至晚上，中午不休息，同時考驗著王爺與乩的靈驗及能耐，直到王爺降駕宣示與大總理親書密函相吻合為止。

觀輦看迎王日，各科扶輦天數及密函內容（以民國86、89、92、101為例）：民國86年（1997）丁丑科，觀輦天數28日，密函：大總理黃進步。民國89年（2010）庚辰科，觀輦天數31日，密函：庚辰年千禧年。民國92年（2003）癸未科，觀輦天數37日，密函：大圓滿。民國101年（2012）壬辰科，觀輦天數7日，密函：魚躍龍門。〔註211〕

（二）迎王動員召集令

民國74年（1985）乙丑科，小琉球迎王祭典才完全獨立，還屬於發展階段，雖然儀式大都向東港東隆宮學習，但是祭典顯得有自創的空間。

三年一科的迎王，對於小琉球人來說是一股特殊吸引力，在外地的一定要趕回島上參加迎王。如民國83年（1994）甲戌科，小琉球戶籍人口數13,161人〔註212〕。首設大總理密函，增建王船閣，大總理是大寮的洪新發明，迎請

〔註210〕 資料來源：三隆宮管理委員會，筆者田野調查，地點：屏東縣琉球鄉碧雲寺，日期：2019年4月5日。

〔註211〕 資料來源：三隆宮管理委員會，筆者田野調查，地點：屏東縣琉球鄉碧雲寺，日期：2019年4月5日。

〔註212〕 資料來源：屏東縣東港戶政事務所網站（屏東縣琉球鄉歷年來戶數及人口數），

王爺是「趙」大千歲。參加神轎有 61 頂，各神轎轎班及各種遊行隊伍人數總計有 6,775 人〔註213〕，另外在幕後工作、在家幫忙、隨香等，不知還有多少人。平時只有年長者、婦女、小孩留在島上，但是到了迎王，在島外的即刻整裝返鄉參加迎王，有如收到「迎王動員召集令」。

以迎王而言，義務付出的人力不算，實質的經費開銷很大，除了人力的召集之外，同時也是「財力的召集令」。以民國 92 年（2003）癸未科迎王為例，整個迎王祭典活動下來，總支出超過一千五百萬元，但總收入卻超過兩千萬元，尚有數百萬元盈餘。〔註214〕

再以民國 95 年（2006）丙戌科為例，本科丁口錢為每丁口 200 元，顧問費每名 5,000 元以上，均比照上科標準。丁口錢是由各角頭的理事、參事分別到各家各戶作丁口的記錄及募款。顧問則交由大總理、副總理、理事、參事共同分頭出面聘請並募集顧問金，還有其他漁船及各方寄付等。總收入超過兩千萬元（20,858,000 元），支出近一千九百萬元（18,178,927 元），結餘近三百萬元（2,679,073 元）。〔註215〕

民國 107 年（2018）小琉球戶籍人口數 12,364 人，戊戌正科（2018）迎王，神轎遶境隊伍總人數有 10,592 人，迎王祭典總收入超過三千萬元（32,353,283 元），支出約二千四百萬元（24,049,125 元），結餘約八百多萬元（8,304,158 元）。〔註216〕在人力及財力的動員下，不受人口數下滑影響，反而呈現正成長。

三年一科迎王總動員，琉球鄉學校配合迎王活動，國中、小學學校調課，讓全鄉年少的也能全心投入。如民國 107 年（2018）戊戌正科，琉球鄉國中、小學在九月開學前提早上課，完成調課、上課。琉球鄉民就讀東港地區高中學校的學生，到小琉球三隆宮辦理證明，蓋上大總理印章，就可以請假參加迎王祭典活動。

移居東港、南州、高雄等地方的小琉球人，為了參加民國 107 年（2018）

網站：https://www.pthg.gov.tw/DONGGANG-HOUSE/News_Cus2.aspx?&n=3982FFA160188BBE&CategorySN=1425&sid=376537200A。2019 年 11 月 23 日。

〔註213〕黃慶祥：《古典小琉球》（屏東縣：黃慶祥發行，2008 年 10 月，初版），頁 58。
〔註214〕黃慶祥：《古典小琉球》（屏東縣：黃慶祥發行，2008 年 10 月，初版），頁 88。
〔註215〕資料來源：三隆宮管理委員會，筆者田野調查，地點：屏東縣琉球鄉碧雲寺，日期：2019 年 4 月 5 日。
〔註216〕《三隆宮戊戌正科（2018）平安祭典財務組報告》，頁 3。

戊戌正科迎王，穿著轎班衣服在東港渡船站，坐早班加班船（早上 6 時 30 分），通勤往返。或胸前抱著（請）神明及令牌、令旗的小琉球人，從各地請神尊回小琉球參加迎王。

（三）小琉球迎王（自辦、獨立）簡史

小琉球迎王的歷史，已有一百多年，已經發展出自己的特色與知名度，基本上是歷經三個不同階段：東港系、南鯤鯓廟、獨立自辦。據「瓦厝內」蔡明羅口述：民國 20 年（1931），辛未科為首屆小琉球三隆宮遶境「平安」祭典。〔註217〕至於小琉球迎王什麼時候開始以「平安」祭典，據小琉球迎王平安祭典總幹事說：以前科技比較不發達，借迎王祭典放鳴炮，炮內有硫磺，借硫磺味，來熏瘟疫，保平安。現在科技比較發達，瘟疫有疫苗可以打，演變化成迎王平安祭典。如果要說時間，尚未看到有關記載，依我看法，以清代與民國為界線。〔註218〕

混元法舟被小琉球人視為天降祥瑞聖物，來的正巧，借拾獲混元法舟做啟端，經法舟指示建造王船，開啟獨立自辦迎王。其實小琉球人或三隆宮主事團隊，早已醞釀要自辦一個屬於小琉球人的迎王祭典，而混元法舟是個適時的「催化劑」，來的是正時候。

混元法舟對於小琉球迎王的歷史有極其重要地位，三隆宮擁有法舟持肯定的表示：由地方仕紳蘇逢源率同三隆宮委員，誠心恭迎法舟，供奉於三隆宮廡殿側壁。此法舟旗幟標示「無極混元三聖大天尊」並非一般的送瘟船，而擇琉球駐蹕，乃地方禎祥之兆，也提升了三隆宮三年一科平安祭典的層級。〔註219〕

民國 71 年（1982）壬戌科，三隆宮乃建造王船配祀，以護航法舟，巡視海域。74 年（1985）乙丑科開始，建造第一艘迎王祭典的木造王船，正式迎、送王船。同時，遶境亦由原先的二天延長為四天（依大寮角、天臺角、杉板路角、白沙尾角順序各一天）。請王儀式也有很大的改變，如：搭將臺、

〔註217〕蔡坤峰：〈小琉球大令迎王記〉，收錄未出版的《三隆宮廟誌》，頁24。資料來源：三隆宮管理委員會，筆者田野調查，地點：屏東縣琉球鄉碧雲寺，日期：2019 年 4 月 5 日。

〔註218〕受訪者：蔡文財（男，三隆宮迎王平安祭典總幹事），訪談者：黃永財，電話連絡，日期：2021 年 7 月 25 日。

〔註219〕資料來源：三隆宮管理委員會，筆者田野調查，地點：屏東縣琉球鄉碧雲寺，日期：2019 年 4 月 5 日。

法師登壇演醮、王令開光點眼及「報衙頭」，因迎接代天巡狩王駕，所以請水也正名為「請王」。

三隆宮的神轎也由原先的溫府千歲、三府千歲，增為大千歲、二千歲、三千歲、四千歲、五千歲、中軍府、溫府千歲。也新設了「頭筆」組，代替傳統的「黑牛罡」〔註220〕。凡此總總，皆展開了琉球迎王祭典的新紀元，並沿用至今。〔註221〕

表4-8小琉球迎王（自辦、獨立）簡史紀錄，從民國20年（1931）辛未科，白沙尾的李嚮擔任大總理開始，至民國107年（2018）戊戌正科，大寮的洪光輝擔任大總理，共舉辦二十八科迎王，停辦兩科（中日戰爭、臺灣光復停辦）。

四角頭擔任大總理的科數（次數）（民國20年～110年 [1931～2021]）：白沙尾10科、天臺7科、杉板路7科、大寮5科。

迎請大千歲尊稱（民國74年～107年 [1985～2018]）：趙4科、吳2科，封、余、楚、秦、劉、鄭等各1科。

表4-8：小琉球迎王（自辦、獨立）簡史表

民國（西元）農曆月日為迎王遶境的第一天	科年	大千歲尊稱	大總理	角頭	備　註
20年（1931）	辛未		李嚮	白沙尾	發起
23年（1934）	甲戌		林標	天臺	約於本科退出東港，首次自辦舉辦迎王。
26年（1937）	丁丑		蔡鳳	白沙尾	
29年（1940）	庚辰		黃醮	大寮	
32年（1943）	癸未				中日戰爭停辦
35年（1946）	丙戌				臺灣光復停辦
38年（1949）	己丑		蔡意	杉板路	37年國曆12月13日（農曆11月13日）舊三隆宮落成，光復後首次迎王。

〔註220〕「黑牛罡」：有的地方稱「四輦」，因需四人。是供奉在手輦上接收各方民眾陳情辦案，當時並無定所，在自家香案前亦可，但問案者多，總是要從清晨忙到深夜，所以所挑選的輦夫皆為身強體健者。

〔註221〕資料來源：三隆宮管理委員會，筆者田野調查，地點：屏東縣琉球鄉碧雲寺，日期：2019年4月5日。

41 年（1952）9 月	壬辰		陳海	白沙尾	
44 年（1955）6 月	乙未		蔡萬陵	白沙尾	
47 年（1958）	戊戌		陳國	天臺	
50 年（1961）9 月	辛丑		陳英	白沙尾	
53 年（1964）9 月	甲辰		洪且	大寮	洪且去世，洪朝日代。
56 年（1967）9 月 16 日	丁未		蔡荐	白沙尾	迎王遶境由一天改為兩天（首日大寮、天臺，次日杉板路、白沙尾。）※ 需商榷。
59 年（1970）6 月 19 日	庚戌		李披	白沙尾	未出版廟誌：本科迎王遶境由一天改為兩天。
62 年（1973）8 月	癸丑		楊文玉	白沙尾	
65 年（1976）3 月 3 日	丙辰		黃定清	天臺	
68 年（1979）6 月	己未		黃醮	大寮	
71 年（1982）9 月	壬戌		林銘現	天臺	拾獲混元法舟，增雕鎮殿吳王、朱王、劍印將軍、王馬、王船。
74 年（1985）9 月	乙丑	趙	蔡雨	杉板路	正式建造迎王王船，遶境由兩日改為四日。
77 年（1988）9 月	戊辰	吳	李漏于	白沙尾	建造戲臺
80 年（1991）9 月	辛未	封	陳老業	杉板路	
83 年（1994）10 月 10 日	甲戌	趙	洪新發明	大寮	首設大總理密函，增建王船閣。
86 年（1997）10 月 12 日	丁丑	余	黃進步	天臺	
89 年（2000）10 月 5 日	庚辰	楚	林天送	杉板路	象神颱風國曆 11 月 1 日（農曆 10 月 6 日）延後一天
92 年（2003）9 月 26 日	癸未	秦	蔡贊田	天臺	92 年國曆 9 月 20 日（農曆 8 月 24 日）三隆宮新廟落成
95 年（2006）9 月 4 日	丙戌	趙	黃直	杉板路	迎王日改為擲筊決定
98 年（2009）9 月 20 日	己丑	劉	李有全	白沙尾	王船、王船大爺、大副、水手首次無命名。

101 年（2012）9 月 20 日	壬辰	鄭	陳周文	天臺	迎王日改回觀輦決定，王船、王船大爺、大副、水手恢復命名。
104 年（2015）10 月 1 日	乙未	趙	陳大榮	杉板路	迎王日改為擲筊決定，王船、王船大爺、大副、水手無命名。
107 年（2018）10 月 6 日	戊戌	吳	洪光輝	大寮	
110 年（2021）	辛丑	（未知）	林家來	杉板路	

資料來源：

1. 琉球王船組著作、鄭華陽編纂：《船心傳藝——乙未正科王船建造紀錄手冊》（無出版地、出版社、日期），頁 11。

2. 筆者整理。

第五章　小琉球迎王的實地考察
——三隆宮戊戌正科(2018)迎王平安祭典

　　小琉球三隆宮戊戌正科(2018)迎王平安祭典日期，在東港東隆宮之後，而在南州溪州代天府(屏東縣)之前。民國107年(2018)3月就展開迎王祭典的籌備工作及行事(有些更早)，如令牌、金身開斧安座、王船建造、進表、設王府等。王醮法會、大普渡，務必在請王前完成。

　　請王當日，先遶巡小琉球海域，下午再到中澳沙灘請王駕。當戊戌正科(2018)大千歲等王爺駕臨，隨即回三隆宮過神火，放榜，入府安座，進行首次的祀王。王駕遶巡小琉球島四天當中，為了遶境進行順利平安，訂定遶境接駕、行禮規定，並標示走輦處等相關注意事項。

　　結束遶巡活動，接著是遷船遶境，並受信徒添載，添載物品用意是讓千歲爺回天庭繳旨旅途中享用，另代表鄉民感謝代天巡狩王駕靖境安域的心意。到了送別千歲爺的前一晚，設宴款待，稱「宴王」。凌晨1時，準備到中澳沙灘恭送王駕。前往送王駕路途，沒有鑼鼓聲，只有神轎的發電機聲，送王隊伍就這樣「安靜」的到達沙灘，此時已聚集要看燒王船的鄉民與遊客。

　　當王船被點燃後，整個船體融於烈火中，神轎熄燈，迎王祭典的相關人員及陣頭，悄悄離去，圍觀的人們才逐漸散去。

　　綜合上述，都是本章要旨。由於小琉球是海島型的迎王祭典，整個活動都在島上舉行，其過程極具有特色。為完整性，將迻港腳(遶巡小琉球海域)、請王、四天遶巡、王船遶境、送王等路線圖在文內呈現，暸解小琉球三隆宮

戊戌正科（2018）迎王平安祭典的活動範圍。【圖 5-1】

圖 5-1：小琉球三隆宮戊戌正科（2018）迎王平安祭典宣傳海報

【黃永財拍攝：2018/11/9】

第一節 迎王祭典籌備

三隆宮戊戌正科迎王平安祭典，經過兩年的籌備，到了大科年（2018）的年初正式進入祭典工作。於民國 107 年（2018）國曆 3 月 2 日（農曆 1 月 15 日）上午 7 時 30 分，置天壇香案期間（三天）吃素，每日上午 8 時及下午 16 時，大總理等科巡人員、管理委員會等人員穿禮服參拜，全鄉信徒參加。

民國 107 年（2018）國曆 3 月 5 日（農曆 1 月 18 日）上午 7 時 30 分，以擲筊擇定迎王大吉日暨其細則。經擇定戊戌正科迎王大吉日的日期：

1. 靈寶禳災三朝法會一朝王醮：國曆 11 月 9 日至 11 月 11 日（農曆 10 月 2 日至 10 月 4 日）。
2. 迎王平安祭典（七天）：國曆 11 月 12 日至 18 日（農曆 10 月 5 日至 10 月 11 日）。

戊戌正科迎王祭典日期經擲筊擇定後，祭典會成立，開始人員任務編組。同時進行令牌、金身等開斧及安座，王船擇日建造等籌備。

一、三隆宮戊戌正科平安祭典會的組織

小琉球三隆宮王船祭典，每科迎王遶境四角頭結束後，需遴選出下科大總理、副總理、理事、參事，為下一科迎王的工作準備。大科年的年初開始進入籌備階段，由大總理總攬事務，副總理、理事、參事，總幹事等邀請小琉球四角頭（大寮角、天臺角、杉板路角、白沙尾角）的角頭廟（大寮福安宮、天

南福安宮、上杉福安宮、白沙尾福泉宮）、八個村村長（大福村、天福村、南福村、上福村、杉福村、本福村、中福村、漁福村）、各寺廟負責人、地方士紳，及地方公廟碧雲寺、三隆宮管理委員會等共同組成「琉球鄉三隆宮戊戌正科平安祭典會」。

（一）戊戌正科主事人員

戊戌正科（2018）主事人員有大總理 1 位、副總理 4 位（四角頭各 1 位）、理事 8 位、參事 8 位（每一村各有 1 位理事、參事），整個戊戌正科主事人員共 21 人。擔任本科大總理的角頭，該角頭不得連續擔任下一科大總理，由另外三角頭參加遴選。祭典會主事人員不可降級擔任下一科職位，如擔任過副總理，就不可擔任理事、參事，擔任過理事不可擔任參事。其職級依序為大總理、副總理、理事、參事。

大總理產生，不再以具「六公」資格，即是：內公、外公、伯公、叔公、丈公、舅公。現今只要年齡以五十歲以上，夫妻健全者，兼顧其本人住宅走輦方便性，有意願者，都可以參加遴選（以擲筊產生）。例如戊戌正科（2018）大總理洪光輝符合大總理資格〔註1〕。

大總理在戊戌正科（2018）迎王平安祭典活動前六個月，就要到三隆宮住宿並吃素。據祭典會主事人員說，大科年何位（姓氏）大千歲擔任代天巡狩，會來讓大總理感應，所以大總理知道大科年大千歲的姓，至於何種方式得知，是極為保密，不能講，因此祭典會主事人員，也無法正確探得消息。大總理如果身體不適或有事，可由子、孫代理。戊戌正科（2018）迎王平安祭典，洪光輝（大總理）與洪天健父子，合力輪流擔任大總理工作（因祭典活動時間太長）。

戊戌正科（2018）祭典會主事人員共 21 人，除大總理之外，從國曆 10 月 3 日（農曆 8 月 24 日），開始排班輪值，4 位副總理，16 位理事、參事，兩人一班，10 天輪班一次，每一次值班 24 小時，在三隆宮廟內睡覺、吃素。如果無法值班，可以請人代班，24 小時是 1,000 元，另加 200 元便當費，代班人員最好請之前擔任過迎王祭典會主事人員。

祭典會主事人員服裝是著古禮服，大總理頭戴清代金黃色官帽（帽前雙

〔註1〕　洪光輝民國 38 年（1949）生，洪光輝的太太民國 41 年（1952）生，子女有三男一女，孫兩人。符合參加遴選大總理資格。洪天健（次男）民國 59 年（1970）生，現今住臺南市永康區。

龍），著長袍馬褂（全套金黃色）。【圖 5-2】副總理頭戴清代黑色官帽（帽前雙龍），著長袍馬褂（上咖啡色，下藍色）。【圖 5-3】理事、參事為頭戴清代黑色官帽，著長袍馬褂（上黑色，下藍色）。【圖 5-4】

圖 5-2：三隆宮迎王大總理及助理 　圖 5-3：三隆宮迎王副總理禮服
　　　　禮服

【黃永財拍攝：2018/11/12】　　　　　【黃永財拍攝：2018/11/12】

圖 5-4：三隆宮迎王理事、參事禮服

【黃永財拍攝：2018/11/12】

表 5-1：三隆宮迎王祭典主事人員產生，擲筊方式一覽表

職　稱	內　　　　　容
大總理	先決定大總理角頭（擔任本科大總理之角頭，該角頭不得連續擔任下科大總理）再就該角頭人選，以筊數最多者為大總理。
副總理	以角頭筊數最多者（大總理角頭為筊數次多者）為副總理。

| 理事 | 各村除擔任大總理、副總理者外，筊數最多者為理事。 |
| 參事 | 各村除擔任大總、副總理、理事者外，筊數最多者為參事。 |

資料來源：

1.《琉球鄉三隆宮戊戌正科（2018）平安祭典會工作手冊》，頁76。

2. 筆者整理。

表5-2：三隆宮戊戌正科（2018）大總理、副總理、理事、參事名冊一覽表

職 務	姓 名	角頭別	職 務	姓 名	角頭別
大總理	洪光輝	大寮角	理事	李輝家	白沙尾角
副總理	洪福家	大寮角	理事	張法生	白沙尾角
副總理	林保三	天臺角	參事	洪安平	大寮角
副總理	林家于	杉板路角	參事	陳春原	天臺角
副總理	陳滿泰	白沙尾角	參事	陳明星	天臺角
理事	陳傳貳	大寮角	參事	陳富盛	杉板路角
理事	陳金龍	天臺角	參事	陳進道	杉板路角
理事	陳文瑞	天臺角	參事	蔡天富	白沙尾角
理事	許江洲	杉板路角	參事	李順金	白沙尾角
理事	林明通	杉板路角	參事	李平源	白沙尾角
理事	陳文瑞	白沙尾角			

資料來源：

1.《琉球鄉三隆宮戊戌正科（2018）平安祭典會工作手冊》，頁16、17。

2. 筆者整理。

（二）碧雲寺、三隆宮管理委員會

　　碧雲寺、三隆宮是小琉球全鄉的大廟，也是島上的公廟，其管理組織是共同組成一個管理委員會。辦公室設在碧雲寺左側，空間不大，而三隆宮後殿一樓則是開會人數較多時才使用，例如，迎王祭典會開會等。

　　管理委員會的任務：舉辦傳統科儀齋醮慶典道場法會，維護並管理所屬財務及古蹟文物等。管理委員會議每二個月召開一次，必要時得召開臨時會議或監事合併召開聯席會議，亦得邀請常務監事或顧問列席。監事會議每三個月召開一次，必要時得召開臨時會議。信徒代表大會一年一次，信徒大會

一屆一次。

經費來源：油香及道場法會代辦收入，樂捐及募化收入，財產收益，存款孳息收入等。第十屆管理委員會於民國107年（2018）7月1日成立，下表是該屆管理委員會名冊：

表5-3：碧雲寺、三隆宮第十屆管理委員會名冊一覽表

職　務	姓　　名	性別	村　名	職　　務	姓　　名	性別	村　名
主任委員	黃文良	男	南福村	委員	陳聰正	男	上福村
委員	蔡文財	男	中福村	委員	洪美月	女	杉福村
委員	蔡素月	女	中福村	常務監事	曾明濬	男	大福村
委員	吳水塗	男	大福村	監事	陳素琴	女	中福村
委員	陳明和	男	大福村	監事	洪安同	男	大福村
委員	曾芳民	男	大福村	監事	洪清富	男	大福村
委員	洪清輝	男	大福村	監事	蔡清海	男	天福村
委員	陳當法	男	大福村	監事	陳周文	男	天福村
委員	洪永程	男	大福村	監事	林漢德	男	杉福村
委員	洪玉成	男	南福村	總幹事	蔡文財	男	中福村
委員	洪玉麟	男	南福村	幹事	蔡仕彥	男	中福村
委員	陳國興	男	南福村	會計	陳嘉惠	女	上福村
委員	黃世龍	男	南福村	廟祝	蔡允居		本福村
委員	陳麒麟	男	上福村	廟祝	李天保	男	本福村
委員	田明福	男	上福村				

資料來源：

1.《琉球鄉三隆宮戊戌正科（2018）平安祭典會工作手冊》，頁18、19。

2. 筆者整理。

（三）戊戌正科（2018）平安祭典會

戊戌正科（2018）平安祭典會成員，名譽會長由琉球鄉長擔任，名譽副會長共有10位，由琉球鄉縣議員、代表會主席、歷科大總理（甲戌、丁丑、庚辰、癸未、丙戌、己丑、壬辰、乙未等科）、現任大總理、大總理助理（2位）、法律顧問、秘書、總幹事、副總幹事（2位）等組成，下設有司儀、典務科、總務科、經理科、設計科、外務科等。

　　平安祭典會 5 科底下再分組。1. 典務科：祭事組、內司組、金紙處理暨人力支援組。2. 總務科：庶務組、管理組、財務組、宣傳組、招待組、文宣組。3. 經理科：伙食組、供應組、祭品處理組。4. 設計科：規劃組、電氣組、王船組、宋江陣組。5. 外務科：籌備聯絡組、指揮組、鳴炮組、更鼓組、督導組、警備組、醫務組。共有 5 科 23 組。

　　戊戌正科（2018）迎王平安祭典，從籌備開始，以「戊戌科主事」、「碧雲寺、三隆宮管理委員會」、「戊戌正科平安祭典會」，所共同組成，其成員多達 450 人以上。如王船組有 53 人義務投入製作王船。宋江陣 40 人的陣容龐大，使整個祭典活動生色不少。電氣組由臺電服務所的朋友支援。祭品處理組則動用約 21 人，金紙販賣更是投入達 50 人左右。

　　財務組方面，請求琉球鄉漁會 18 位職員支援（農、漁會輪流）。招待組由農會支援。警備組向分駐所申請警力配合及義警人員加入。醫務組支援醫務人員 6 名。以上尚未包含義工或臨時自發性的小琉球人。

　　迎王祭典活動中，督導組由四角頭另行設立組長：大寮角洪國鐘、天臺角陳智雄、杉板路角洪良輝、白沙尾角蔡山進。頭筆組長洪世界（高齡 82 歲）與副組長黃清進都有 42 年之久的經驗。

　　大正轎班班長：三隆宮轎班總班長李重震、碧雲寺轎班總班長陳富（和生），碧雲寺轎班副總班長陳德虎、陳金樹。各角頭轎班班長：天臺角林俊良、大寮角洪進豐、白沙尾角陳勝和、杉板路角林振賢。

　　天公爐爐主鍾明雄在戊戌年（2018）12 月，任內過世，由兒子鍾加成、鍾加明兄弟輪流完成爐主任務。

　　各科、組所需大宗物品，由祭典會統一購買、發包。零星物品授權各科科長或組長購買，送總務管理組驗收，各種款項支付統一交由財務憑驗收章付款。

　　回顧 21 年前，琉球鄉丁丑科（1997）平安祭典會，其成員總計約 260 人，名譽副會長只有 2 人。總務科 6 組，其中攝影組，現今改為文宣組，其他組不變。外務科的 8 組，與現今略有不同，8 組（丁丑科）：總指揮、交通車司機、籌備組、連絡組、督導組、警備組、醫務組、頭筆組。設計科的王船組長是王天從，造船師傅共 52 人，比戊戌正科（2018）53 人略少 1 人。經理科只設經理組、供應組。金紙販賣部只有 11 人，現今碧雲寺與三隆宮兩廟共有 50 人左右。【圖 5-5】

從上述可看出戊戌正科（2018）小琉球迎王祭典會成員，比起 21 年前成長一倍，也就是移居島外的小琉球人，對於三年一科迎王祭典及王爺信仰持續加溫。

圖 5-5：小琉球三隆宮金紙販賣部（戊戌正科迎王期間）

【黃永財拍攝：2018/11/11】

表 5-4：三隆宮戊戌正科（2018）平安祭典會人員（組長以上）名冊一覽表

職　務	姓　名	性別	職　務	姓　名	性別
名譽會長	陳隆進	男	總務科長	田永成	男
名譽副會長	洪慈績	女	庶務組長	李煜才	男
名譽副會長	林榮家	男	管理組長	蔡仕彥	男
名譽副會長	洪新發明	男	財務組長	李櫻霞	女
名譽副會長	黃進步	男	宣傳組長	林明轉	男
名譽副會長	林天送	男	招待組長	蔡素惠	女
名譽副會長	蔡贊田	男	文宣組長	林佩瑜	女
名譽副會長	黃直	男	經理科長	許萬鎰	男
名譽副會長	李有全	男	伙食組長	許國發	男
名譽副會長	陳周文	男	供應組長	許龍虎	男
名譽副會長	陳大榮	男	祭品處理組長	洪林瑞珠	女
大總理	洪光輝	男	金紙販賣組長	蔡家強	男
大總理助理	洪天健	男	設計科長	蔡水土	男
大總理助理	洪四方	男	規劃組長	蘇基城	男
法律顧問	洪順玉	男	電氣組長	周昆融	男

秘書	蔡美英	女	王船組長	蔡文化	男
秘書	蔡寶興	男	宋江陣組長	王天財	男
總幹事	蔡文財	男	外務科長	洪賜隆	男
副總幹事	蔡家強	男	籌備聯絡組長	陳承隆	男
副總幹事	蔡川福	男	指揮組長	李福井	男
司儀	洪明男	男	鳴炮組長	李幾法	男
典務科長	陳裕民	男	更鼓組長	洪振文	男
祭事組長	郭水男	男	警備組長	陳盈仕	男
內司組長	李輝民	男	醫務組長	鄭家霖	男
金紙處理組長	許龍泉	男			

資料來源：

1.《琉球鄉三隆宮戊戌正科（2018）平安祭典會工作手冊》，頁20～37。

2. 筆者整理。

二、令牌、金身開斧安座

民國92年（2003）以前，三隆宮的中軍令、十三班首，要到高雄市林園區的新佛興佛店，請裝佛匠師雕造。當金身雕刻完成要回小琉球時，三隆宮三府千歲、碧雲寺觀音佛祖鑾駕，全鄉信徒則要到白沙尾碼頭迎回三隆宮，馬上開光點眼，而後寄座。

民國95年（2006）之後，改在小琉球碧雲寺旁的新佛興佛店，開斧、開光點眼，金身完成後，不用再舟船往返，直接恭請回三隆宮，可以省去很多麻煩。不過，壬辰科（2012）是在屏東縣東港鎮光明佛店，請裝佛匠師雕造。

（一）安中軍府

迎王祭典所設的中軍府，是代天巡狩千歲的先鋒部隊。每科迎王共有三位中軍，第一及第二位是值年中軍，其任務是查察民情，監造王船，同時監督祭典工作的進行。第三位是值科中軍，主要任務是隨侍千歲爺出巡，所以中軍府的三支令牌，在迎王遶境隊伍中，是位於諸位千歲爺之前，作為前導。【圖5-6】

三隆宮新廟在民國92年（2003）落成前，中軍府的府衙，都在迎王之前再搭建。當新廟中軍府（前殿廟體龍邊門廳）建造完成，並雕塑中軍大爺神像，在同年國曆9月20日（農曆8月24日）安座。依照迎王儀式，中軍令

牌前必須供祀班頭金尊，大班頭位在中央，其兩邊各有六尊班頭，依序各執令旗、板杯、轉開、黑鞭、紅鞭、清道旗與鑼，合稱「十三班首」，是內壇中軍。〔註2〕

圖 5-6：小琉球三隆宮中軍府神轎及轎班（戊戌正科）

【黃永財拍攝：2018/11/13】

三隆宮戊戌正科（2018）迎王平安祭典，中軍令、十三班首於民國 107 年（2018）國曆 4 月 11 日（農曆 2 月 26 日）上午 7 時，金身開斧。國曆 4 月 25 日（農曆 3 月 10 日）上午 7 時，中軍令、十三班首入神，準備入神寶物（三府千歲爐丹、虎蜂 13 隻）。國曆 5 月 10 日（農曆 3 月 25 日）上午 8 時以前，完成安中軍府籬，掛燈、簾、彩。上午 8 時從新佛興佛店，恭請中軍令、十三班首金身，起駕回三隆宮中軍府，開光點眼、請水、過火、安座等儀式連續進行。其過程有三府千歲、觀音佛祖輦駕，科巡人員、管理委員會、內外班頭、內司人員執行任務，全鄉信徒隨香接駕。全鄉各戶上午 6 時排設香案、水圓至下午 14 時燒金香案，下午 15 時犒軍。

民國 107 年（2018）國曆 5 月 14 日（農曆 3 月 29 日）上午 9 時 10 分，「王船閣」安置中軍位（王船閣龍邊），參加的有科巡人員、管理委員會、內外班頭、內司人員、王船組等工部人師，準備安座禮物、大金、水圓。【圖5-7】

中軍令安座完成後，進入祭典的準備另一要事，進行全鄉廣播，於國曆 5 月 30 日至 6 月 18 日（農曆 4 月 16 日至 5 月 5 日），受理參加遶境、技藝隊報名編隊，送祭典會審核，其報名可向各角頭土地公廟負責人、外務科、

〔註2〕資料來源：三隆宮管理委員會，筆者田野調查，地點：屏東縣琉球鄉碧雲寺，日期：2019 年 4 月 5 日。

籌備聯絡組。

圖 5-7：小琉球三隆宮王船閣內的中軍令神龕（右側）

中軍令

神龕瓶

【黃永財拍攝：2018/11/9】

表 5-5：中軍府內、外壇敬獻物禮儀程序表

序號	內壇敬獻物名稱		外壇敬獻物名稱	
1	進茶	獻茶	進茶	獻茶
2	進四果茶	獻四果茶	進四果茶	獻四果茶
3	進涼糕	獻涼糕	進山珍海味	獻山珍海味
4	進麻荖	獻麻荖	進果品	獻果品
5	進檳榔	獻檳榔	進糖果	獻糖果
6	進水煙吹	獻水煙吹	進素齋	獻素齋
7	進煙斗	獻煙斗	進檳榔菸	獻檳榔煙
8	進水果	獻水果	進水果	獻水果

資料來源：1. 三隆宮管理委員會。　2. 筆者整理。

（二）王船公、大副、水手

王公厝（大公厝）是王船公所居的地方。位於船尾的甲板上，其高度是高於王府，以便於王船公掌握王船航行方向，對於水手、舵工的工作狀況能清楚掌控。王船公、大副及水手金身是另請裝佛匠師雕造，並不是由王船師傅負責。

三隆宮戊戌正科（2018）王船公、大副、水手，於民國 107 年（2018）國曆 4 月 11 日（農曆 2 月 26 日）上午 7 時，金身開斧。國曆 4 月 26 日（農曆 3 月 11 日）上午 8 時，入神，入寶物（三府千歲爐丹、釘各三支、豆各三

粒），由大總理等科巡人員，在新佛興佛店參加儀式，國曆 7 月 26 日（農曆 6 月 14 日）上午 8 時，從新佛興佛店，恭請王船公、大副、水手金身回三隆宮，回宮馬上開光點眼，之後寄座。三府千歲、觀音佛祖鑾駕，科巡及管理委員會人員、內外班頭執行任務、全鄉信徒隨香迎接。

圖 5-8：小琉球三隆宮的王船公（戊戌正科）

【黃永財拍攝：2018/11/9】

「王船公」，三隆宮戊戌正科（2018）迎王平安祭典期間，奉祀在王船閣大門內，位於王船前，臉部朝外，右手上煙斗的香菸，24 小時要保持燃著（由戊戌正科主事人員負責），左手持一長方形塊狀。到了遷王船日，王船公則移請進入王船公厝內。【圖 5-8】

（三）代天巡狩令、帥印

臺灣民間常見的迎王神像，大多是紙糊的，依例應在祭典開始時，先開光點眼以賦予神性。東港溪王船系統則採用令牌，稱王令，即是象徵千歲爺的聖物，通常在開光點眼前，用紅紙或紅布遮住，避免邪靈入侵。令牌造型是上寬而下窄，頂部是三角形狀，是長方形木牌。王令各有其尺寸，依文公尺並有吉利的「字」，王令經開光聖化後，就是代天巡狩聖物。【圖 5-9】

三隆宮戊戌正科（2018）代天巡狩令、帥印，民國 107 年（2018）國曆 7 月 4 日（農曆 5 月 21 日）上午 9 時，在新佛興佛店舉行開斧，科巡人員參加。代天巡狩令有：大千歲令（天）、大千歲副令（地）、大千歲副令（人）、二千歲令、三千歲令、四千歲令、五千歲令等。

國曆 11 月 3 日（農曆 9 月 26 日）上午 8 時 30 分，代天巡狩令回代天府，鑾駕、內司組、內外班頭、科巡及管理委員會人員執行任務，全鄉信徒隨香迎接。

圖 5-9：東港溪王船系統王令（東港東隆宮）

【黃永財拍攝：2019/6/2】

三、王船信仰及建造

　　「王船」，現今人們不再畏懼，不再視為「瘟船」，反而將王船當做「福船」、「發財船」，甚至是「萬能的船」。從遷王船遶境，受到信徒添載、參拜，到送王船，其過程可清楚看出人們對王船信仰觀念改變。

　　每逢黃曆丑、辰、未、戌年，就有三年一次的「小琉球王船祭」——迎王平安祭典。乙丑科（1985）迎王平安祭典，三隆宮才正式建造迎王王船，小琉球造王船起步比東港東隆宮晚，但是小琉球三隆宮與東港東隆宮有著兩地王船建造「技術合作」關係。當小琉球要造迎王王船時，在東港的小琉球籍造船師，紛紛返鄉協助建造，可以說，兩地王船建造，都有小琉球人參與。

（一）清代臺灣王船信仰

　　臺灣的王船信仰，須回溯中國原鄉的王船信仰，現今文獻中，有關中國地方送王船的歷史資料，南宋年間有送瘟船的記載，據宋代莊綽撰《雞肋編》記載：

> 澧州作「五瘟社」，旌旗儀物，皆王者所用，唯赭傘不敢施，而以油冒焉。以輕木製大舟，長數十丈，舳艫檣柁，無一不備，飾以五采。郡人皆書其姓名年甲及所為佛事之類為狀，以載於舟中，浮之江中，謂之「送瘟」。〔註3〕

「船」從實用功能的交通工具，被轉化成具有「逐疫」功能的法具，稱之「法船」。法船在早期的傳統信仰習俗中，通常都用於送逐瘟疫，故又稱為「瘟

〔註3〕宋·莊綽：《雞肋編》（北京：中華書局出版發行，2010年10月），頁21。

船」。在閩臺地區由於法船為千歲爺（王爺）所乘，稱為「土船」。

閩俗只要瘟疫發生，人們不知是鬱熱所引起，不用藥去醫治，而求助於神，以紙糊船送瘟。據明代謝肇淛撰《五雜組》卷六，人部二記載：

> 閩俗最可恨者，瘟疫之疾一起，即請邪神，香火奉祀於庭，惴惴然朝夕禮拜許賽不已。一切醫藥，付之罔聞。不知此病原鬱熱所致，投以通聖散，開闢門戶，使陽氣發洩，自不傳染。而謹閉中門，香烟燈燭煮蒿蓬勃，病者十人九死。即幸而病癒，又令巫者作法事，以紙糊船，送之水際，此船每以夜出，居人皆閉戶避之。〔註4〕

當瘟疫發生後，倖存者請巫作法事，以紙做船，在夜晚由紙船載瘟送出，人們對於送瘟的船則是閉戶避之。（上述引文中的「邪神」是否指瘟神，不得而知。）

臺灣送瘟船的習俗，最早的史料是清代諸羅縣知縣周鍾瑄主修，漳浦縣監生陳夢林、鳳山縣學廩生李欽文編纂，始修於清康熙55年（1716）8月，脫稿於清康熙56年（1717）2月的《諸羅縣志》，卷八〈風俗志〉中的記載：

> 斂金造船，器用幣帛，服食悉備；召巫設壇，名曰「王醮」。三歲一舉，以送瘟王。醮畢，盛席演獻，執事儼恪，踧進酒食；既畢，乃送船入水，順流揚帆以去。或泊其岸，則其鄉多厲，必更禳之。相傳有荷蘭人夜遇船於海洋，疑為賊艘，舉砲攻擊，往來閃爍；至天明，望見滿船皆紙糊神像，眾大駭；不數日，疫死過半。近年有輿船而焚諸水次者，代木以竹，五彩紙槊而飾之。每一醮動數百金，少亦中人數倍之產；雖窮鄉僻壤，莫敢吝者。〔註5〕

早年臺灣人們對於瘟疫的懼怕，集資造船送瘟，召巫設壇，稱為「王醮」。人們深怕疫疾染身，不去尋求病源，從醫療上解決瘟疫，寧願花費龐大金錢召巫作法，也耗費過多錢財。所以臺灣人們「尚巫」，據《諸羅縣志》〈風俗志〉中的雜俗記載：

> 疾病輒令禳亡。又有非僧、非道，名「客仔師」；攜一撮米，往占病者，謂之「米卦」，稱說鬼神。鄉人為其所愚，倩貼符行法而禱於神；

〔註4〕 明·謝肇淛：《五雜組》（瀋陽：遼寧教育出版社，2001年2月，第1版），頁128。

〔註5〕 清·周鍾瑄主修：《諸羅縣志》（臺北市：遠流出版事業股份有限公司，2005年6月，一版），頁232。

鼓角喧天，竟夜而罷。病未愈，費已三、五金矣。不特邪說惑人，
亦糜財之一竇也。〔註6〕

「客仔師」，是早期巫覡，指客家籍的法師，在福佬社會中，因語言的差異而
受到排擠。其師承或法術都和福佬籍的法師差異很大，為客家地區重要靈媒
人物。〔註7〕

　　對於《諸羅縣志》中，「召巫設壇，名曰王醮」。李豐楙認為陳夢林在《諸
羅縣志》中，對於「召巫」一詞較為疏忽。李豐楙在《東港迎王——東港東隆
宮丁丑正科平安祭典》中，〈王醮醮典篇〉表示：「在中國的傳統習俗中，道教
內部傳承完整的送瘟科儀，而各地所留存的送瘟記事，也多記載由道士負責
和瘟、送瘟的任務。因為道士的專長是從事建醮拔禳祈福，他們所傳承的對
請王、送王的理解，也就代表道教千百年來的專業知識與職能。」〔註8〕換句
話說，李豐楙認為和瘟、送瘟的儀式，是由具專業知識與職能的道士負責，
稱巫一詞實為不妥。

　　《諸羅縣志》中，記載造船送船等行為，是沿襲閩、浙一帶古老習俗，
將瘟船送流於海「遊地河」方式送船。另有以竹與紙糊製裝飾的方式造船，
造畢，擇日焚燒，稱為「遊天河」。類似記載，清康熙59年（1720）孟夏，王
禮主修、陳文達編纂的《臺灣縣志》卷一〈輿地志·風俗〉的記載：

臺尚王醮，三年一舉，取送瘟之義也。附郭鄉村皆然。境內之人，
鳩金造舟，設瘟王三座，紙為之。延道士設醮，或二日夜、三日夜
不等，總以末日盛設筵席演戲，名曰請王；進酒上菜，擇一人曉事
者，跪而致之。酒畢，將瘟王置船上，凡百食物、器用、財寶，無
一不具。十餘年以前，船皆製造，風篷、槳、舵畢備。醮畢，送至
大海，然後駕小船回來。近年易木以竹，用紙製成，物用皆同；醮
畢，抬至水涯焚焉。凡設一醮，動費數百金，即至省者亦近百焉，
真為無益之費也。沿習既久，禁止實難，節費省用，是在賢有司加
之意焉耳。相傳昔年有王船一隻放至海中，與荷蘭舟相遇，炮火矢

〔註6〕　清·周鍾瑄主修：《諸羅縣志》（臺北市：遠流出版事業股份有限公司，2005
年6月，一版），頁229。
〔註7〕　劉還月：《臺灣民間信仰小百科〔靈媒卷〕》（臺北市：臺原出版社，1996年
11月，第一版），頁45。
〔註8〕　李豐楙總編：《東港迎王——東港東隆宮丁丑正科平安祭典》（臺北市：臺灣
學生書局，1998年10月，初版），頁213。

石，攻擊一夜；比及天明，見滿船人眾悉係紙裝成。荷蘭人怖，兀者甚多。是亦不經之談也。〔註9〕

送瘟之意，就是人們懼怕瘟疫，召請道士或由巫設醮施法，造船將瘟疫從海上送出。送瘟的船有木造及竹紙，置於船內器物相同，差別是建造王船的材料，以及船的放遊方式（燒與不燒），也就是遊天河與遊地河。王船的造型，與實用的真船幾乎相同，因此早年在海上放遊，荷蘭人將瘟船當作真船，炮火攻擊，不過是不經之談而已。

清末時期，臺灣人們在寺廟佛的生辰便集資造王船，糊紙瘟王像，請道士禮醮，盛設牲醴演戲等名曰「請王」，清末同治 12 年（1873），據丁紹儀撰的《東瀛識略》記載：

> 南人尚鬼，臺灣尤甚……凡寺廟佛生辰，合境斂金演戲以慶，數人主其事，名曰頭家。最重者，五月出海，七月普渡。出海者，義取逐疫，古所謂儺。鳩貲造木舟，以五彩紙為瘟王像三座，延道士禮醮二日夜或三日夜，醮盡日，盛設牲醴演戲，名曰請王；既畢，舁瘟王舟中，凡百食物、器用、財寶，無不備，鼓吹儀仗，送船入水，順流以去則喜。或泊於岸，則其鄉多厲，必更禳之。每醮費數百金。亦有閒一、二年始舉者。福州諸郡亦興出海，船與各物皆紙為之，象形而已。〔註10〕

早年臺灣製作王船，紙糊瘟王像，禮醮設牲禮酬神演戲，名曰「請王」。之後將瘟王設於船中，船內器物、食用品、財寶全具，送船入海。然而現今請王一詞，是王船祭典正式展開前，必須先請王。臺灣各地請王之俗都不相同，如東港及小琉球的請王都由轎班負責，轎班用轎籤書寫大千歲姓氏。西港系統到請王地舉行，將大千歲等王爺及中軍府的神像開光點眼，祈請神靈降下。

方志對於王船的記載，臺灣地區只見於南部與澎湖，這或許與早年閩省沿岸所送的船，多漂流到澎湖與臺灣本島南部沿海關係。據清光緒 18 年（1892），林豪總修、薛紹元訂補的《澎湖廳志》卷九〈風俗·風尚〉中，對於內地與澎湖王船的描述記載：

〔註9〕 清·陳文達編纂：《臺灣縣志》（臺北市：臺灣銀行，1961 年 6 月），頁 60、61。

〔註10〕 清·丁紹儀：《東瀛識略》，（《臺灣文獻史料叢刊·第七輯》合訂本）（臺北市：臺灣大通書局，1997 年 10 月），頁 35。

各澳皆有大王廟，神各有姓，民間崇奉維謹，甚至造王船、設王醮，
其說亦自內地傳來。內地所造王船，有所謂福料者，堅緻整肅，旗
幟皆綢緞，鮮明奪目，有龍林料者，有半木半紙者。造畢，或擇日
付之一炬，謂之「遊天河」，或派數人駕船遊海上，謂之「遊地河」，
皆維神所命焉。神各有乩童，或以乩筆指示，比比然也。澎地值豐
樂之歲亦造王船，顧不若內地之堅整也，具體而已；間多以紙為之，
然費已不貲矣。或內地王船偶遊至港，船中虛無一人，自能轉舵入
口，下帆下椗，不差分寸，故民間相驚以為神。曰王船至矣，則舉
國若狂，畏敬持甚，聚眾鳩錢，奉其神於該鄉王廟，建醮演戲，設
席祀王，如請客然。以本廟之神為主，頭家皆肅衣冠，跪進酒食。
祀畢，仍送之遊海，或即焚化，亦維神所命云。竊謂造船送王亦古
者逐疫之意，使遊魂滯魄有所依歸，而不為厲也。南人尚鬼，積習
相沿，故此風特甚，亦聖賢所不盡禁。然費用未免過奢，則在當局
者之善於撙節已。〔註11〕

澎湖島上各澳都有王爺廟，人們造王船、設王醮，其信仰習俗據說從內地傳
來。傳統造船史上，由於福建海運事業的發達，福州與泉州自唐代以來，是
中國南方造船工業的重鎮，所以王船建造是用福州的材料。然而澎湖島上建
造的王船，有的是紙船，但所費還是很高。

　　現今臺灣有造紙船送王船的廟宇，例如，高雄市林園區三清宮（鄰近海
邊），主祀五府千歲，主神池府千歲。早期每年舉辦迎王，現今改為三年一次，
迎王的王船是紙船，製造費用約五萬元。對於財力不豐的廟宇，木造王船費
用太高，用紙船較經濟方便。〔註12〕

　　有的廟宇不靠海，位在市中心，只奉祀王船，不迎、送王船儀式，而且
殿中設中軍府。如高雄市鳳山區興安宮，奉祀李、池、吳、朱、范五府千歲，
主神池府千歲（坐主位），分靈自臺南市南鯤鯓廟，三年回去進香一次。廟
體左側殿中軍府，右側殿城隍爺。右側殿後方奉祀王船作為鎮殿，沒有舉辦

〔註11〕清・林豪總修、薛紹元訂補：《澎湖廳志》（臺北市：遠流出版事業股份有限
　　　　公司，2006 年 6 月，一版），頁 418。
〔註12〕三清宮，位於高雄市林園區中汕里中汕路 33 巷 16 之 23 號。廟內龍邊奉祀
　　　　兩艘木製王船，據劉茂松（男，三清宮主任委員）說，已有百多年歷史。資
　　　　料來源：田野調查及電話訪問劉茂松，訪談者：黃永財，日期：2019 年 7 月
　　　　6 日。

迎王祭典。〔註13〕殿中有王船，王船中置關公立姿木像及水手。【圖5-10】

圖5-10：高雄鳳山興安宮鎮殿王船

【黃永財拍攝：2019/6/19】

（二）三隆宮王船建造歷史

「王船」，原是用來驅逐瘟神的儀具，後來的人用它把王爺、千歲送走的船。王船其形式與材質，有茅草結的茅船，紙糊的紙船，木造的木船，紙與木合造的船。

早年東港迎王時，王船是用紙糊的，從民國62年（1973）由紙糊改為木造王船。〔註14〕小琉球早年自辦迎王大典，王船是以竹紙糊製的方式製作，儀式上也只用於送王當日而已。其型式以紅紙與竹糊成立體狀，上面書寫「魚蝦旺盛」。〔註15〕到了民國74年乙丑科開始，建造第一艘迎王祭典的木造王船，正式迎送王船。其王船信仰，不脫於臺灣瘟王色彩，與東港王船一樣具有「魚王船」的角色。

小琉球三隆宮建造木製迎王的王船，是在乙丑科（1985）迎王平安祭典，白沙尾角理事、參事建議自建王船，委請人稱「老可伯」的蔡萬可擔任王船組長，他曾建造小琉球池隆宮、水仙宮、三隆宮的鎮殿王船。乙丑科（1985）王船在三隆宮水仙王旁空地搭設鐵皮屋作王船寮，戊辰科（1988）改搭在今農會集貨場前，王船造型取三隆宮內鎮殿王船為樣式打造，船身

〔註13〕興安宮，位於高雄市鳳山區建國路3段319巷16號。受訪者：李小姐（興安宮會計），服務近20年，訪談者：黃永財，日期：2019年6月19日。

〔註14〕李豐楙總編：《東港迎王──東港東隆宮丁丑正科平安祭典》（臺北市：臺灣學生書局，1998年10月，初版），頁101。

〔註15〕資料來源：三隆宮管理委員會，筆者田野調查，地點：屏東縣琉球鄉碧雲寺，日期：2019年4月5日。

僅覆以船蓬，前後貫通，無五王厝和王船公厝，建造經費由組員自籌。〔註16〕小琉球三隆宮鎮殿王船如【圖5-11】。

圖5-11：小琉球三隆宮鎮殿王船

【黃永財拍攝：2018/11/18】

辛未科（1991），老可伯以年邁辭組長，由「讚伯」王天從出任王船組長。但是建造王船的指揮工作大多蔡文化〔註17〕發落（執行）。辛未科（1991）經向三府千歲請示，將王船形制改與東港相同〔註18〕，才有現今看到王船上的五王厝和王船公厝。王船建造費用，原先是王船組員自籌，而王船遶境鄉民及遊客等信徒為王船添載，其所收入金額從中撥款給王船組，王船組再將撥款補助金與自籌款設立王船建造基金。

三隆宮的王船閣，位於廟體左側，單座式一層平房，平時門窗緊閉，只有建造王船及迎王期間才開啟鐵門。王船閣內左側（龍邊）奉祀中軍府神龕，非相關人員不可隨意進入。【圖5-12】

小琉球三隆宮王船建造，自乙丑科（1985）開始，至戊戌正科（2018），共建造12艘迎王王船，蔡文化擔任三科代為執行王船組長，7科王船組長，實際上10科是由他親自發落（執行），也參與東港王船建造，經驗豐富。據

〔註16〕小琉球王船組著作、鄭華陽編纂：《船心傳藝——乙未正科王船建造紀錄手冊》（無出版地、出版社、日期），頁25。

〔註17〕蔡文化參與王船建造，共十二科（含戊戌正科）。東港王船建造也有參與。小學畢業，就開始跟著姑丈學造船（木製），小琉球與東港鎮兩地跑著做，沒有造船（工作）期間，就去討海。蔡文化兒子也是做造船（塑膠船），不是木製船。受訪者：蔡文化（男，三隆宮王船組長），訪談者：黃永財，地點：屏東縣琉球鄉三隆宮，日期：2018年11月16日。

〔註18〕小琉球王船組著作、鄭華陽編纂：《船心傳藝——乙未正科王船建造紀錄手冊》（無出版地、出版社、日期），頁25。

蔡文化表示：王船建造，除了木工師傅，油畫師傅的彩繪，也很重要，從打底、描圖、上底色，再逐一彩繪。如，船艏的雙龍搶珠，船舷的順風相送，船底的魚蝦旺盛，都是真功夫的呈現。

圖 5-12：小琉球三隆宮王船閣（內部，戊戌正科）

【黃永財拍攝：2018/11/17】

表 5-6：小琉球三隆宮歷科王船組長名冊一覽表

民國（西元）	科　年	組長姓名	備　註
74 年（1985）	乙丑科	蔡萬可	首建造迎王王船
77 年（1988）	戊辰科	蔡萬可	
80 年（1991）	辛未科	王天從	蔡文化（執行）
83 年（1994）	甲戌科	王天從	蔡文化（執行）
86 年（1997）	丁丑科	王天從	蔡文化（執行）
89 年（2000）	庚辰科	蔡文化	
92 年（2003）	癸未科	蔡文化	
95 年（2006）	丙戌科	蔡文化	
98 年（2009）	己丑科	蔡文化	
101 年（2012）	壬辰科	蔡文化	
104 年（2015）	乙未科	蔡文化	
107 年（2018）	戊戌科	蔡文化	

資料來源：1. 蔡文化（小琉球三隆宮戊戌正科王船組長）。　2. 筆者整理。

表5-7：小琉球三隆宮戊戌正科（2018）王船組名冊一覽表

組長：蔡文化					
副組長姓名					
王全請	蔡瑞發	蔡東漢	黃進財	魏春隆	魏春林
陳金餌					
組員姓名					
蔡宗龍	蔡福榮	蔡慶茂	蔡文巨	蔡進發	黃俊揚
蔡潘良	蔡家勝	蔡佳憲	蔡坤傑	蔡益居	林瑋
蔡正義	蔡坤男	楊居春	鄭華陽	高明道	鄭昭永
洪國發	洪志元	許合德	李順財	王震興	蔡正國
陳品豪	王全瑞	王室程	王士誠	王冠誌	李昭禕
林佳龍	田秋隆	田偉傑	田順德	張家福	蔡財源
王瑞雲	蔡文濱	潘鳳得	許龍振	魏秀紋	謝明剛
蔡麗美	陳家明	陳寶清			

資料來源：

1. 《琉球鄉三隆宮戊戌正科（2018）平安祭典會工作手冊》，頁31、32。

2. 筆者整理。

（三）戊戌正科（2018）王船建造

戊戌正科（2018）王船，於國曆5月15日（農曆4月1日）上午10時，在三隆宮王船閣開斧，國曆5月17日（農曆4月3日）上午9時，安龍骨（豎簽）。國曆6月1日（農曆4月18日）上午11時40分，安甲板，以上參加儀式人員有王船組人員、科巡人員等。國曆6月20日（農曆5月7日）上午10時，在王船閣安龍目，豎大桅，由大總理帶領科巡人員及王船組長等參加。國曆7月27日（農曆6月15日）上午8時20分，請大總理向王船獻彩球，接著上午8時40分，王船斬龍根。上午11時，點龍眼，三府千歲、觀音佛祖輦駕，外務及典務科全程參與，全鄉水圓。準備龍目水、海水、進水前先升帆，接著進行王船進水，進水時動鐘鼓、鳴炮，撒糖果，下午平安宴。王船進水平安宴收入：2,053,700元；支出：1,381,000元，結餘672,700元。〔註19〕

〔註19〕資料來源：琉球鄉三隆宮戊戌正科（2018）平安祭典財務組。筆者田野調查，地點：屏東縣琉球鄉碧雲寺，日期：2019年3月13日。

戊戌正科（2018）王船建造，據蔡文化（三隆宮戊戌正科王船組長）表示，可參考乙未科（2015）王船建造〔註20〕。其結構主要分4部分：1. 主體結構：龍骨與曲、船肋、前後營。2. 船殼：外波、甲板、拱「抽（臺語）」、船艙、船堪「拍竹仔（臺語）」、日月樑。3. 各部位：五王厝、王船公厝、桅、舵。4. 其他：魯拉、帆架、碇、小舟、生活用具等各項設施。

王船上的設施：前面設二肚、中央五王室、後面一肚、王船公室一間。小艇兩隻、日月斧一支、前錠一付二門、後錠一付二門。甲板上面有五舍：馬舍、羊舍、雞舍、犬舍、豬舍。船帆三領、廚房一間、浴室一間、廁所一間等。王船龍骨及外板用越南檜木、肚內用柳安與越南檜木，船肋用樟木，船桅用柳安，各部位以臺灣檜木及越南檜木混用，造價約臺幣100萬元（乙未科［2015］王船）。〔註21〕

蔡文化表示：小琉球戊戌正科（2018）王船建造，約50多位木工師傅，均為義工服務。木工師傅幾乎是小琉球在地人，東港鎮來一位木工師傅。（屏東縣東港鎮戊戌正科王船建造，木工師傅總共有90多人，小琉球去了40人左右。）戊戌正科（2018）比上一科乙未科（2015）王船，多出尺寸為：長2寸、寬3寸。（乙未科王船總長度16尺1寸，總寬度4尺8寸）

圖5-13：小琉球三隆宮戊戌正科王船

【黃永財拍攝：2018/11/16】

小琉球王船建造不宜太大，主要考慮遶境行走不方便，所以目前建造約

〔註20〕戊戌正科（2018）王船與乙未科（2015）王船建造相同，只有尺寸加大一些，所以材料費用相差有限。

〔註21〕琉球王船組著作、鄭華陽編纂：《船心傳藝——乙未正科王船建造紀錄手冊》（無出版地、出版社、日期），頁33、34。

長 16 尺左右（東港鎮東隆宮約 46 尺）。小琉球與東港鎮東隆宮王船外觀（型）相似，差異不大。小琉球王船的船身有「國泰民安」字樣，是個活動匣門，稱作「水仙門」，是王爺上船用。〔註22〕船身兩側彩繪「八仙過海」圖案，右側：曹國舅、何仙姑、藍采和、韓相子；左側：漢鍾離、呂洞賓、李鐵拐、張果老。【圖 5-13】

王船命名，民國 74 年（1985）獨立迎王，建造迎王的王船開始命名：

表 5-8：小琉球三隆宮迎王王船命名一覽表

科　年	王船名	科　年	王船名
乙丑科（1985）	佛三隆	癸未科（2003）	嘉吉利
戊辰科（1988）	滿成	丙戌科（2006）	隆陽輝
辛未科（1991）	嘉吉利	己丑科（2009）	未命名
甲戌科（1994）	嘉興隆	壬辰科（2012）	嘉進財
丁丑科（1997）	隆天祥	乙未科（2015）	未命名
庚辰科（2000）	嘉得利	戊戌科（2018）	未命名

資料來源：筆者田野調查整理。

戊戌正科（2018）王船建造，共有 147 人寄付，總收入：1,017,100 元。其中以財團法人曹公農業水利研究展基金會的 100,000 元為最多，大總理洪光輝、林錦生、東明電器陳福仁等，個人均寄付 36,000 元。崇隆堂、曄鑫電機公司等各寄付 30,000 元。總幹事蔡文財、林志明、林保三、陳傳貳、林家于、陳滿泰、全德漁業公司、承慶豐漁業公司等各 20,000 元。〔註23〕另有贊助撒糖果 5,000 元，其他寄付大德姓名，人數眾多恕不登錄。

戊戌正科（2018）王船建造，王船的尺寸與上一科（乙未）大致相同，雖說當科比前科會增加尺寸，不可能每一科一直增加，所以增加有限或維持不變。〔註24〕以下是小琉球三隆宮乙未科（2015）王船建造尺寸，同時將東港東隆宮乙未科（2015）王船建造，四大日課、尺、寸等明細，整理如下：

〔註22〕受訪者：蔡文化（男，三隆宮王船組長），訪談者：黃永財，地點：屏東縣琉球鄉三隆宮，日期：2018 年 11 月 16 日。

〔註23〕資料來源：琉球鄉三隆宮戊戌正科（2018）平安祭典財務組。筆者田野調查，地點：屏東縣琉球鄉碧雲寺，日期：2019 年 3 月 13 日。

〔註24〕受訪者：蔡文化（男，三隆宮王船組長），訪談者：黃永財，地點：屏東縣琉球鄉三隆宮，日期：2018 年 11 月 16 日。

表 5-9：小琉球三隆宮乙未科（2015）王船建造尺寸明細一覽表

名　稱	尺　寸	備　註
王船總尺度	16 尺 1 寸	戊戌科 16 尺 3 寸
王船總寬度	4 尺 8 寸	戊戌科 4 尺 11 寸
王船龍骨長度	6 尺 3 寸	
中桅長度	長 10 尺 5 寸 7 分、寬 3 寸 2 分	
前桅長度	長 6 尺 5 寸、寬 2 寸 6 分	
後桅長度	長 5 尺 7 寸、寬 2 寸 5 分	
尾舵長度	長 5 尺 5 寸	
前錨長度	長 2 尺 2 寸 6 分	
後錨長度	長 2 尺 2 寸 2 分	
五王厝長度	高 1 尺 9 寸 8 分、寬 2 尺 2 寸 6 分、深 2 尺 3 分	
王船公厝長度	高 1 尺 5 寸 6 分、寬 1 尺 3 寸、深 1 尺 3 寸 6 分	
小艇總長度	長 2 尺、寬 6 寸 2 分	
小艇龍骨長度	長 1 尺 3 寸 6 分	

資料來源：

1. 蔡文化（小琉球三隆宮戊戌正科王船組長）。

2. 琉球王船組著作、鄭華陽編纂：《船心傳藝──乙未科王船建造紀錄手冊》（無出版地、出版社、日期），頁 33。

3. 筆者整理。

東港東隆宮乙未科（2015）王船建造，船上的設施：王船前面設 5 肚、中央五王室、後面設 2 肚、王船公室 1 間。小艇 2 隻、日月斧 1 支、前錠 1 付 2 門、後錠 1 付 2 門。甲板上面有 5 舍：馬舍、羊舍、雞舍、犬舍、豬舍。船帆 3 領、廚房 1 間、浴室 1 間、廁所 1 間。王船外板越南檜木、黑心石木、肚內用材柳安、雕刻用材樟木、彩繪、油漆、按金、化色、及造船工資，本科王船造價約新臺幣 700 萬元左右。乙未科（2015）王船建造成員全屬東港、小琉球造船師傅，動用 92 人，總工作天約 636 天，以上建造人員均為義工服務。〔註 25〕

────────────

〔註 25〕資料來源：財團法人東港東隆宮，筆者田野調查，地點：屏東縣東港鎮東隆宮，2019 年 6 月 2 日。

表 5-10：東港東隆宮乙未科（2015）王船建造，四大日課、尺、寸明細
　　　　 一覽表

內　容	日期（國曆）	日期（農曆）	時　　間
王船開斧	2013 年 12 月 17 日	11 月 15 日	上午 10 時 40 分
王船立舟＋參	2013 年 12 月 28 日	11 月 26 日	上午 11 時 20 分
王船按龍眼	2014 年 3 月 28 日	2 月 28 日	上午 7 時 15 分
王船開光點睛	2014 年 7 月 12 日	6 月 16 日	上午 11 時

內　容	尺　　　　寸
王船總尺度	45 尺 6 寸（臺尺）
王船龍骨長度	20 尺 7 寸 2 分
王船船身寬度	12 尺 6 分（中心點）
王船船身深度	5 尺 8 寸（中心點）
王船前營深度	7 尺 8 寸
王船後塞深度	8 尺 2 寸
中桅長度	31 尺 9 寸、6 寸 8 分角
前桅長度	24 尺 6 寸 6 分、5 寸 6 分角
後桅長度	20 尺 3 寸 8 分、5 寸 4 分角
王船總高心位置	8 尺 6 寸
王船龍頭前面總高	13 尺 6 寸
王船鳳尾後面總高	14 尺 2 寸

資料來源：1. 財團法人東港東隆宮。　 2. 筆者整理。

第二節　迎王祭典行事

　　小琉球三隆宮戊戌正科（2018）迎王平安祭典會，於國曆 9 月 30 日（農曆 8 月 21 日）上午 9 時，舉辦成立大會，邀請管理委員會主任委員列席，科巡主事人員、祭典會人員參加，大總理主持。科巡主事人員，於國曆 10 月 3 日（農曆 8 月 24 日）集中住宿並吃素，至恭送王駕為止，這段期間由總務科負責安排住宿，經理科供應伙食。

　　另一方面，迎王祭典行事通知鄉民，是由一部小貨車裝上播放器〔註26〕

─────────────

〔註26〕早年沒有廣播車，由人敲鑼通知全島。現今的廣播車，是私人的車，鄉內如果有事要通知，僱廣播車廣播，一天 1,200 元。

遶行全島播放，不僅鄉民知道，遊客也聽到小琉球的迎王平安祭典訊息。鄉民也有任務要做，如請王當天早上 6 時，全鄉各家各戶須擺設香案以迎接大千歲。下午 15 時 30 分，大寮角、天臺角、杉板路角的鄉民，則準備五味碗集中三隆宮，而白沙尾角則到中澳沙灘的兩側，準備犒軍。

距離戊戌正科（2018）迎王平安祭典日，尚不到一個月時間，所要陸續進行的有進表、設王府、王醮法會。請王前遶巡海島，然後請王，再進行過火、放榜、祀王等，這些都是迎王祭典儀式及活動項目，同時為本節的研究範圍。

一、進表、王府、王醮法會

戊戌正科（2018）迎王平安祭典行事，國曆 10 月 18 日（農曆 9 月 10 日），王府中樑獻寶。國曆 10 月 19 日（農曆 9 月 11 日）舉行上進表文。靈寶禳災三朝法會一朝王醮，醮壇在國曆 11 月 8 日（農曆 10 月 1 日）開始布置，醮壇鬧廳。國曆 11 月 11 日（農曆 10 月 4 日）下午舉行玉京玄都大普渡，下午 18 時，謝醮內外壇、普施完叩謝、官將榜文化吉，都須在請王前一天完成。

（一）迎王進表、設王府

道教的科儀是溝通神與人之間關係的儀式，所以道士就將信徒的願望向神稟告，這樣就有道教的進表科儀。進表科儀的「表」就是表章與章函的意思，相似於當今日常生活中，人們的請示報告。

唐、宋，道教科儀的制定和規範，得到朝廷的關懷，因此科儀愈盛。唐末五代杜光庭編的《道門科範大全集》，共有 87 卷，收於《道藏》，其內容詳列有：「生日本命儀」、「懺禳疾病儀」、「消災星曜儀」、「靈寶太一祈雨雪醮儀」、「文昌注祿章道場儀」、「祈嗣拜章大醮儀」、「誓火禳災說戒儀」、「安宅解犯儀」、「解禳星運儀」、「南北二斗同壇延生醮儀」、「北斗延生清醮儀」、「真武靈應大醮儀」、「道士修真謝罪儀」、「上清籙化仙度遷神道場儀」、「東嶽濟度拜章大醮儀」、「靈寶崇神大醮儀」等十六種道教齋醮儀式。〔註27〕

宋、元以後，風俗習慣的差異，各地產生了不同演法。對於「進表」科儀，據陳耀庭著的《道教禮儀》中表示，上海正一派道士的「進表」科儀是由

〔註27〕白雲觀長春真人編纂：《正統道藏》（臺北市：新文豐出版股份有限公司，1995年 4 月，一版），第 53 冊，正乙部，頁 555～879。

三個部分組成：

> 第一步為啟壇：法師和眾道士入壇燒香，跪奏祝告，齋壇被幻化成
> 瑤壇仙境，用分燈法點燃全壇之燈，擊金玉之聲，然後敕水。灑淨
> 壇場。從這一系列的儀式節次安排來看，也是「蕩穢」的意思。第
> 二部分為請聖，奉安五方神聖、請聖、降聖。法師在齋壇神位前拈
> 香，恭祝聖壽。第三部分為拜表，是進表科儀的核心。法師和眾道
> 士請三師相助，降臨壇場，高功默念「薰香咒」，行祭禮於司表仙官，
> 以勞動仙官遞送表文於天庭。然後封表，法師畫虛符文於表上以示
> 封緘。行送表禮，焚表化行。高功步罡踏鬥，以示元神飛升天庭，
> 默念表文，稟告上蒼。高功在踏表以後，收斂元神，眾法師和執事
> 致謝眾神，獻供，上表結束，退堂。〔註28〕

其過程可分啟壇、請聖和拜表三階段。法師、執事等入壇燒香、跪奏祝告，是
謂啟壇。安奉五方天神，於天尊像前拈香，恭祝聖壽，步罡踏斗，奉請三師相
助，降臨壇場，是謂請聖。虛畫符文於表上以示封緘，焚化表文，以示稟告上
蒼，是謂拜表。〔註29〕

　　「進表」，就是三年一科的固定迎王傳統中，根據各地的習慣正式上表表
達迎請千歲爺之意。約在迎王祭典前一個月舉行，三隆宮戊戌正科（2018）
迎王平安祭典的上進表文，於國曆10月19日（農曆9月11日）卯時舉行，
科巡主事人員參加，進表祭告上蒼，請眾神蒞臨醮壇。

　　「王府」，在臺灣各地迎王整個祭典的中心，就是千歲爺鎮座的場所。原
先，王府是指某一個朝代的親王（或稱王爺）所居住的宮殿。在迎王祭典中，
將整個廟宇的正殿布置為王府。王府是親王的宮殿，又稱親王府。臺灣民間
信仰有座廟宇稱為親王府，位於屏東縣南州鄉的朝清宮，奉祀主神是朱府親
王，據廟方表示：朱府親王爺乃是古早隋朝鄰國，屬番邦小國的國王，又與
唐太宗李世民結拜為兄弟，所以本廟稱為朝清宮「親王府」。〔註30〕

　　三年一次的迎王祭典，大千歲及其他千歲到小琉球來巡察時，三隆宮正

〔註28〕陳耀庭：《道教禮儀》（北京：宗教文化出版社，2003年12月，第1版），頁
　　　　92。
〔註29〕戴文鋒：《重修屏東縣志·民間信仰》（屏東市：屏東縣政府，2014年11月），
　　　　頁112。
〔註30〕受訪者：潘海泳（男，管理委員會連絡人），訪談者：黃永財，地點：屏東縣
　　　　南州朝清宮，日期：2019年6月27日。

殿布置為王府，三府千歲會將王府讓給祂們，表示尊重禮遇。但因為鎮殿的三府千歲不可移動，而另以分身移動到臨時設立的行宮。雖是將正殿設為大千歲等的王府，但鎮殿三府千歲事實上正身還是在正殿內，信徒不能進入，可以在廟埕參拜。

三隆宮戊戌正科（2018）迎王祭典準備，陸續進行多項事務，如布置王府，並進行掛燈等工作，於國曆 10 月 16 日（農曆 9 月 8 日），由設計科電氣組在廟宇四周圍掛戊戌正科祭典平安燈，王府掛執事燈，同時全鄉廣播，各寺廟、家戶掛平安燈及主事家中掛執事燈。【圖 5-14】國曆 10 月 18 日（農曆 9 月 10 日）上午 9 時，王府中樑獻寶，科巡人員參加，全鄉各戶水圓，獻寶相龍二人，寶物。國曆 10 月 24 日（農曆 9 月 16 日），全鄉收集乙未科（2015）平安燈到三隆宮集中繳化。

圖 5-14：小琉球三隆宮戊戌正科掛燈（廟埕）

【黃永財拍攝：2018/11/18】

戊戌正科（2018）迎王祭典準備進行到後段，國曆 10 月 28 日（農曆 9 日 20 日）上午 8 時，輦駕、內司組、內外班頭、科巡人員等，前往大總理家中迎回王令。大令回宮即粉容安座。國曆 10 月 29 日（農曆 9 月 21 日）下午 15 時，內營（五營）移座王府。國曆 10 月 31 日（農曆 9 日 23 日），在王府安座八王位（大千歲、二位副千歲、二、三、四、五千歲、中軍府）。國曆 11 月 2 日（農曆 9 月 25 日），王馬寮、更鼓寮興建。整個迎王前的準備，主要是王府的設置，完成後剛好是銜接迎王祭典活動。

（二）臺俗尚王醮

王醮又稱為王船醮，俗稱為瘟醮或瘟王醮，其目的是為送瘟驅疫而建的醮典，現今中、南部地區為和瘟仍廣為流行舉辦王醮。

　　臺灣開闢之初，瘟癘、風土病盛為流行，各地常發生瘟疫，人們認為是瘟神作祟，乃設有逐疫之禮，後來才慢慢演變成啟建盛大的王醮。〔註31〕

　　臺灣地區人們尚王醮，據清康熙 59 年（1720）孟夏，王禮主修、陳文達編纂的《臺灣縣志》卷一〈輿地志·風俗〉的記載：

> 臺尚王醮，三年一舉，取送瘟之義也。附郭鄉村皆然。境內之人，
> 鳩金造舟，設瘟王三座，紙為之。延道士設醮，或二日夜、三日夜
> 不等，總以末日盛設筵席演戲，名曰請王。〔註32〕

清康熙末，《臺灣縣志》記載臺灣地區王醮，三年舉辦一次，醮期有二或三日不等。到了清乾隆中期，志書亦相同記載。據清乾隆 29 年（1764）由王瑛曾的《重修鳳山縣志》卷三〈風土志·風俗〉中記載：

> 臺俗尚王醮，三年一舉；此送瘟之義也。附郭鄉村皆然。境內之人，
> 鳩金造木舟，設瘟王三座，紙為之。延道士設醮，或二日夜、三日
> 夜不等；總之，末日盛設筵席演劇，名曰「請王」。〔註33〕

王瑛曾的《重修鳳山縣志》記載，其內容似乎是與清康熙 59 年（1720），王禮主修、陳文達編纂的《臺灣縣志》卷一〈輿地志·風俗〉的記載相同。

　　王瑛曾的《重修鳳山縣志》中，所提到臺俗尚王醮，造木舟，延道士設醮，末日盛設筵席演劇等情形。在清乾隆年間的鳳山縣境內，推測最有可能的王爺廟是今日高雄市小港區的鳳儀宮。因為據《鳳山縣采訪冊》的記載，王爺廟中，建廟最早的是高雄市小港區的鳳儀宮。《鳳山縣采訪冊》記載：「一在大人宮莊（鳳山），縣東南十二里，屋八間（額『鳳儀宮』，祀溫、朱、池三王），乾隆十二年吳和尚建，光緒九年吳覺修。廟租三十六石。」〔註34〕【圖 5-15】

　　鳳儀宮，今位於高雄市小港區二苓里漢民路 188 巷 32 號，主神：大王溫府千歲、二王朱府千歲、三王池府千歲，將軍大元帥。其原由，據〈鳳儀宮沿革史〉記載：

〔註31〕劉還月：《臺灣民間信仰小百科〔醮事卷〕》（臺北市：臺原出版社，1997 年 8月），頁 50。

〔註32〕清·陳文達編纂：《臺灣縣志》（臺北市：臺灣銀行，1961 年 6 月），頁 60。

〔註33〕清·王瑛曾編撰：《重修鳳山縣志》（南投市：臺灣省文獻委員會，1993 年 6月），頁 59。

〔註34〕清·盧德嘉：《鳳山縣采訪冊》（第二冊）（臺北市：臺灣銀行，1960 年 8 月），頁 181。

清康熙 6 年（1667），福建省福州人氏吳天年，泉州余大慶，自家
中奉祀的朱府千歲，以隨航護佑抵臺，後南下至本境定居。朱府
王爺自蒞境以來，神威顯赫，惟境域尚無廟宇安祀。朝廷命派七
品官鄭有祝前來治理政務，惜到任不及兩年即病沒，自此朝廷，
未再派人接任，所留官邸因而廢置，境民有鑑於此，遂迎請朱府
王爺金身安奉於官邸，而「大人宮」一名亦遠播四方，並定為地
名。〔註 35〕

鳳儀宮原只奉朱府王爺，後又由余姓迎請溫府千歲，再另一余姓攜池府千歲，
共同奉進大人宮。惟大人宮已有腐朽傾圮之虞，後來溫府千歲、朱府千歲、
池府千歲，轉奉於民宅。

圖 5-15：高雄小港鳳儀宮早期廟貌

照片來源：鳳儀宮提供【黃永財翻攝：2020/2/16】

古早的鳳儀宮，如果按志書記載，能夠鳩金造木舟，請道士設醮，該廟
在地方上應該有很大的信仰影響力。但是世事變遷，於民國 41 年（1952），
曾沒錢支付油香費，導致關廟門。〔註 36〕民國 47 年（1958）重新修廟，至民
國 59 年（1970）廟址被列為工業區用地，由舊址鳳宮里（舊稱大人宮）遷建
現址，並由經濟部補助，於民國 77 年（1988）完工，占地由 504 坪，今擴充
746 坪。〔註 37〕

〔註 35〕摘錄自〈鳳儀宮沿革史〉，資料來源：筆者田野調查，地點：高雄市小港區鳳
　　　　儀宮，日期：2020 年 2 日 16 日。
〔註 36〕摘錄自〈鳳儀宮沿革史〉，資料來源：筆者田野調查，地點：高雄市小港區鳳
　　　　儀宮，日期：2020 年 2 日 16 日。
〔註 37〕摘錄自〈鳳儀宮沿革史〉，資料來源：筆者田野調查，地點：高雄市小港區鳳

－298－

踏查鳳儀宮現況。訪談廟內的長輩，吳先生、佘先生說，早期鳳儀宮，是在「中船」（中船現今改「臺船」）附近，搬來現今地址，約有 30 多年，目前四周圍牆及大門牌樓，是民國 89 年（2000）完成興建的。相關於王醮及造王船送瘟一事，未曾聽先人提到過。〔註 38〕同時，筆者在廟中未見有王船或相關王醮、請王的歷史痕跡，包括鳳儀宮的沿革，也未記載。但前述不代表鳳儀宮早期未有王醮、請王的儀式，有可能隨著時代變遷，逐漸沒落而廟中文物未能保存，如曾沒錢支付油香費，導致關廟門。

（三）王醮法會

東港溪流域王船信仰系統，主系是以東港、小琉球、南州為領域。東港溪流域的王船信仰，以前較不重視王醮祭，其原因，據李豐楙在《東港迎王——東港東隆宮丁丑科平安祭典》中表示，其原因有二：「一是當地強調溫王等千歲爺，非屬王船漂著而建廟的瘟神性格，而是代天巡狩的王爺；二是當地較少傑出的道士能夠主持道壇。」〔註 39〕

小琉球三隆宮初期只有在迎王前作一天王醮祭，從甲戌科（1994）起，增為三天王醮法會。如下一科，丁丑科（1997）王醮法會，於國曆 11 月 7 日至 9 日（農曆 10 月 8 日至 10 日），為三府王爺建醮暖壽，且必在請王前一日結束。

三隆宮戊戌正科（2018）迎王平安祭典法會，是由正乙道學協會，演化靖定性道士壇林石三〔註 40〕道長主持。林石三曾參與東港東隆宮丁丑科（1997）的慶成清醮與王醮，其道務經歷及主持醮事經驗豐富。【圖 5-16】

三隆宮戊戌正科（2018）「靈寶禳災三朝法會一朝王醮」，醮壇在國曆 11 月 8 日（農曆 10 月 1 日）下午 15 時，由設計科負責布置，下午 21 時，醮壇鬧廳，典務科及法事人員負責執行。國曆 11 月 9 日（農曆 10 月 2 日）上午 4 時 30 分，醮壇起鼓，科巡人員全部參加隨拜，燒金、鳴炮，沖屬豬、鼠。上午 5 時，發奏玉壇請諸神佛降臨安座，上午 8 時，連祀觀世音菩薩，啟闕《玉皇心印真經》。

儀宮，日期：2020 年 2 月 16 日。
〔註 38〕受訪者：吳先生、佘先生（廟內的長輩），訪談者：黃永財，地點：高雄市小
　　　　港區鳳儀宮，日期：2020 年 2 月 16 日。
〔註 39〕李豐楙總編：《東港迎王——東港東隆宮丁丑正科平安祭典》（臺北市：臺灣
　　　　學生書局，1998 年 10 月，初版），頁 215。
〔註 40〕林石山的道壇位於屏東縣新園鄉新園村媽祖路三巷 125 之 1 號。

圖 5-16：小琉球三隆宮戊戌正科王醮法會

【黃永財拍攝：2018/11/11】

　　三隆宮所轉誦的經典，使用《玉皇心印真經》，在經典上查無此名稱。
而在《道藏》洞真部，本文類，有《高上玉皇心印經》，一卷，為四言韻文，
全篇僅五十句，總共二百字，是修道者每日功課必誦經典。《高上玉皇心印
經》：

> 上藥三品，神與氣精。恍恍惚惚，杳杳冥冥。存無守有，頃刻而成。
> 迴風混合，百日功靈。默朝上帝，一紀飛昇。知者易悟，昧者難行。
> 履踐天光，呼吸育清。出玄入牝，若亡若存。綿綿不絕，固蒂深根。
> 人各有精，精合其神。神合其氣，氣合其真。不得其真，皆是強名。
> 神能入石，神能飛形。入水不溺，入火不焚。神依形生，精依氣盈。
> 不凋不殘，松柏青青。三品一理，妙不可聽。其聚則有，其散則零。
> 七竅相通，竅竅光明。聖日聖月，照耀金庭。一得永得，自然身輕。
> 太和充溢，骨散寒瓊。得丹則靈，不得則傾。丹在身中，非白非青。
> 誦持萬遍，妙理自明。〔註41〕

《高上玉皇心印經》，也稱《高上玉皇心印妙經》，簡稱《玉皇心印經》或《心
印經》，道教經典名稱。撰人不詳，約出於唐宋間。是修道之徑路。

　　戊戌正科（2018），國曆 11 月 9 日（農曆 10 月 2 日）上午 9 時，轉誦
《玉皇心印集經》一品、二品，以上科巡人員、管理委員會委員、監事隨拜。
上午 11 時，午供（獻寶），科巡人員參加，並自備寶器祀王後午餐。

　　齋醮科儀中，逢午獻供是最隆重豐富的午供儀，是基於將至善至美之物

〔註41〕白雲觀長春真人編纂：《正統道藏》（臺北市：新文豐出版股份有限公司，1995
年 4 月，一版），第 2 冊，洞真部，本文類，頁 0302。

奉獻給至高至尊的祈謝原則，經供獻於神之後，拜神後，可增添福祥。〔註42〕

國曆 11 月 9 日（農曆 10 月 2 日）下午 14 時 30 分至 15 時 30 分，《玉皇心印集經》三品、四品，天臺角理事、參事分班參拜。下午 16 時 30 分至 17 時 30 分，《玉皇心印集經》五品、《玉皇經》謝誥，科巡人員參拜。下午 7 時，鬧廳（辦仙敬神），免參拜。

三隆宮所持的《玉皇心印集經》，其名應該是《高上玉皇本行集經》，簡稱《玉皇經》，收入《道藏》洞真部，本文類，共三卷五品。五品：「清微天宮神通品第一」、「太上大光明圓滿大神呪品第二」、「玉皇功德品第三」、「天真護持品第四」、「報應神驗品第五」〔註43〕。

《高上玉皇本行集經》共 12,036 字，是玉皇上帝演教妙法，放 17 種大光明、30 種功德，以拔度生死，運古化今，因此強調轉誦此經的功德，則使劫運終止。〔註44〕一般道士轉誦《高上玉皇本行集經》時，將序言部分作為「啟闕」，最後一部分是「謝誥」。

國曆 11 月 9 日（農曆 10 月 2 日）下午 19 時 30 分至 20 時 30 分，進行《朝天寶懺》一卷、二卷，杉板路角理事、參事分班參拜。下午 21 時 30 分，分燈捲簾（暫息法音），白沙尾角參事參拜。

「分燈捲簾」，各地道士派系不同，分燈捲簾或為一個科儀，或分為取火分燈、元辰煥彩、捲簾覲帝、鳴金擊玉等科儀。先由一班道士奏表後，熄滅醮場內所有的燈火，再由道長重新點燃一根火燭，眾道士各執火燭，相互引燃，並將道場中全部火燭點燃，其意是眾人得到光明煥彩。此時鑼鼓響起，將三清壇前事先放下的竹簾分三次捲起，眾道士可以直接看到壇前玉皇上帝神像，都要恭敬行禮。〔註45〕

國曆 11 月 10 日（農曆 10 月 3 日）上午 6 時，早朝呈詞，祀王，科巡人員、管理委員會委員、監事參加。上午 8 時，《朝天寶懺》三、四卷，白沙尾角理事參拜。上午 9 時，《朝天寶懺》五、六卷，大寮角理事、參事分班參拜。

〔註42〕李豐楙總編：《東港迎王——東港東隆宮丁丑正科平安祭典》（臺北市：臺灣學生書局，1998 年 10 月，初版），頁 229。

〔註43〕白雲觀長春真人編纂：《正統道藏》（臺北市：新文豐出版股份有限公司，1995 年 4 月，一版），第 2 冊，洞真部，本文類，頁 219～239。

〔註44〕李豐楙總編：《東港迎王——東港東隆宮丁丑正科平安祭典》（臺北市：臺灣學生書局，1998 年 10 月，初版），頁 230。

〔註45〕劉還月：《臺灣民間信仰小百科〔醮事卷〕》（臺北市：臺原出版社，1997 年 8 月），頁 158。

上午 10 時，午朝呈疏，科巡人員、管理委員會委員、科長、組長，參加，並備金銀玉寶器祀王後午餐。下午 14 時 30 分，《朝天寶懺》七、八卷，管理委員會委員、監事分班參拜。下午 15 時 30 分，《朝天寶懺》九、十卷，管理委員會委員、監事分班參拜。下午 17 時，晚朝呈表，科巡人員參拜，下午 20 時，鬧廳（辦仙敬神），免參拜。下午 20 時 30 分，宿啟師聖尊，習儀大教範，科巡人員、管理委員會委員、監事隨拜，祀王後，暫息法音。

三隆宮道士團所持的《朝天寶懺》，全名應是《太上靈寶朝天謝罪大懺》，其懺共十卷，收於《道藏》的洞真部，威儀類，是修設道場，以懺法的方式，解了冤，滅了罪，消災增福慧。如第一卷的記載：

> 是時，法會中一切大聖神仙，見諸天諸地中，有如此報應因緣，罪福不同。不知前生何修，今身何犯；前生何福，今身何罪。或是先世種因，殃流子孫。或是一身積衋，受此業報。伏願天尊大慈，賜垂開悟。令一切群生曉悟宿命因緣，罪福報應，諸天賞罰，毫分不差。若啟心救拔，依稟聖言，皆獲超度。元始天尊再謂左右侍真曰：下界若有至人信士，發無上道意，大捨財寶，救濟貧乏，放生續命，建七寶妙臺，立三清聖像，建節燒香，大醮天地百靈、天宮星宿、百珍供養者，吾遣太一救苦天尊於太極宮中開丹簡紫文，出天尊懿號，稱揚讚歎，吟詠洞章，乞削落九幽長夜之魂，解釋先祖父母歷劫辛苦，罪殃纏結。並皆原放，魂生天堂，逍遙無為，衣食自然。增無量福，消無量罪。功德巍巍，皆得超度。是故燒香，歸身皈命，五體投地。〔註46〕

一般在朝科和其他比較熱鬧的科儀中，有經、懺的誦達，其主要精神，一是祈福求壽，求消災解厄；二是懺悔，題名為「懺」，具有悔過之意，這是道教的罪感文化；三則是祝頌。〔註47〕

（四）登臺拜表、大普渡

戊戌正科（2018）國曆 11 月 11 日（農曆 10 月 4 日）上午 6 時 30 分，三早清晨重白茶獻至尊，祀王，科巡人員參拜。上午 9 時，進拜〈玉皇朱表〉

〔註46〕白雲觀長春真人編纂：《正統道藏》（臺北市：新文豐出版股份有限公司，1995年 4 月，一版），第 2 冊，洞真部，威儀類，頁 313。

〔註47〕李豐楙總編：《東港迎王──東港東隆宮丁丑正科平安祭典》（臺北市：臺灣學生書局，1998 年 10 月，初版），頁 229。

（進表），科巡人員參拜，準備糖果、錢、甘蔗。

「登臺拜表」的儀式，都在普渡之前舉行，所以上午是登臺拜表，下午則是大普渡。登臺拜表是登上高臺拜祭表文，向玉皇大帝呈送表文的科儀，目的是希望上天能夠透過這個儀式，得知這次設醮祈福出錢出力是那些人，希望上蒼能賜福他們，並懇請玉皇上帝恩准開葷，便於普施孤魂野鬼。〔註48〕

三隆宮戊戌正科（2018）登臺拜表，道長與四位道士，個個腳穿木屐，手持黑傘不斷轉動，跨過淨爐，步上階梯（王府戲臺階梯）就像登上天梯，向玉皇上帝稟奏之意。【圖5-17】

圖5-17：小琉球三隆宮戊戌正科迎王醮典（登臺拜表）

【黃永財拍攝：2018/11/11】

國曆11月11日（農曆10月4日）上午11時，關祝三界萬靈星燈，總務、典務，科長、組表分班參拜，祀王後午餐。下午14時，入醮三獻祈求降福，科巡人員、管理委員會委員、監事分班參拜。下午14時33分，琉球鄉民準備普渡，用托盤（塑膠長形容器，透明小洞）裝有葷、素供品（五味），排列於廟埕地上。【圖5-18】

上述同日下午16時，進行戊戌正科（2018）「玉京玄都大普渡」。道長林石三帶領科巡人員、管理委員會委員、監事參加，遶行廟埕十二包大袋米、普渡等供品。當道長轉向王府戲臺上進行儀式時，鄉民早已將箱子舉著高高的，準備接錢餅。儀式完成後，道長、道士及科巡人員等，從臺上撒錢餅，人

〔註48〕劉還月：《臺灣民間信仰小百科〔醮事卷〕》（臺北市：臺原出版社，1997年8月），頁175。

們爭拿錢餅認為可以保平安。〔註49〕【圖5-19】下午18時，謝醮內外壇、普施完叩謝、官將榜文化吉。

圖5-18：小琉球三隆宮戊戌正科迎王醮典（普渡供品）

【謝沛蓁拍攝：2018/11/11】

圖5-19：小琉球三隆宮王府戲臺前排放接錢餅的容器（戊戌正科）

【黃永財拍攝：2018/11/11】

二、請　王

　　小琉球三隆宮迎王平安祭典，「請王」前，必須先遶巡海島，綏靖全島，之後依照慣例在中澳沙灘請王，也是大千歲及王爺們登陸處。琉球島上神格最高的碧雲寺出動觀音佛祖（佛祖）、觀音佛祖（大媽）兩頂神轎，三隆宮先鋒府，四角頭的白沙尾角福泉宮、大寮角福安宮、天臺角福安宮、杉板路角

〔註49〕撒錢餅，吸引眾多小琉球人們，早在王府戲臺前，置放紙箱或塑膠容器於地上，等普渡儀式完成後，拿紙箱接臺上撒下的錢餅，爭相競奪，相當有趣。

福安宮，以及全島神轎，到中澳海邊會師請王，神轎及轎班、信徒、遊客布滿整個沙灘。

（一）遶巡海島

王醮法會後的翌日，正式進入戊戌正科（2018）王船祭典，首先登場是「遶巡海島」（逡港腳），其意義是在代天巡狩大千歲等駕臨前，綏靖全島，為小琉球島各個海域的所有港口及漁船驅煞除邪，護佑漁船漁獲豐收及航行平安。

乘載三府千歲、觀音佛祖神轎出巡海島船隻，採自由報名參加。其他遶巡海島乘載神轎及船隊順序的漁船，接受報名登記後擲筊決定。

「遶巡海島」，戊戌正科（2018）國曆 11 月 12 日（農曆 10 月 5 日）上午 6 時 8 分，參加遶巡海島神轎隊伍陸續到達白沙尾漁港及觀光港集結。【圖 5-20】此時小琉球碼頭煙火、衝天炮已經此起彼落，鑼鼓響亮，場面熱鬧。

圖 5-20：逡港腳漁船、神轎隊伍集結（三隆宮戊戌正科）

【黃永財拍攝：2018/11/12】

載大正大隊（三隆宮、碧雲寺）、四角頭福德正神的船隻，國曆 11 月 12 日（農曆 10 月 5 日）上午 7 時前停泊於白沙尾漁港或觀光港待機。載其他神轎漁船，上午 7 時 15 分前，在白沙尾港外海集結。

大正隊伍在三隆宮集結已完成整隊，上午 7 時 15 分從三隆宮出發，隊伍排列順序：三府千歲大旗、班頭隊伍、白沙尾角福泉宮、大寮角福安宮、天臺角福安宮、杉板路角福安宮、觀音佛祖大旗、吹班、碧雲寺觀音佛祖（佛祖）、碧雲寺觀音佛祖（大媽）、管理委員會（委員、監事、常務監事、總幹事、主任委員）、祭典會（參事、理事、副總幹事、總幹事、秘書、副總理、大總理）、吹班、班頭隊、三隆宮先鋒隊。

　　上午 8 時左右，大正隊伍（神轎）等，到達搭乘漁船地點，位置分配：大正大隊（三隆宮、碧雲寺）神轎停靠舊中芸碼頭。白沙尾角、杉板路角等神轎在觀光港。天臺角、大寮角神轎在舊中芸碼頭與白沙尾漁港中間處。

　　乘載大正神轎及人員的漁船分配：1. 三府千歲頭旗（科巡參事、科巡科長、組長），搭乘「滿福財壹號漁船」，船長陳文省。2. 觀音佛祖大旗（會長、副會長、管理委員會常務監事、監事），搭乘「有見財號漁船」，船長陳鐵漢。3. 觀音佛祖（佛祖），搭乘「連昇群漁船」，船長陳招欽。4. 觀音佛祖（大媽）（管理委員會主委、總幹事、委員），搭乘「廣興利 6 號漁船」，船長陳廣城。5. 三府千歲大旗（科巡理事），搭乘「生漁號漁船」，船長蔡水生。6. 溫府千歲、三府千歲（大總理、副總理、秘書、總幹事、副總幹事），搭乘「生漁 36 號漁船」，船長陳福財。如【圖 5-21】，逡港腳，搭載神轎的漁船。

圖 5-21：逡港腳──搭載神轎的漁船（三隆宮戊戌正科）

【黃永財拍攝：2018/11/12】

　　戊戌正科（2018），遶巡海島（逡港腳）共有 53 頂神轎參加（後來臨時增加三艘及自發參加漁船）。各船隻開「東港南臺」聯絡，由科巡執事一一唱編號號碼依順序出發。三隆宮溫府千歲、三府千歲神轎，乘編號 50 號漁船，排最後一艘漁船出港（8 時 17 分）。戊戌正科遶巡海島路線圖（逡港腳）如【圖 5-22】。

　　神轎（漁船）遶巡小琉球島一周後，大正神轎（漁船）陸續回港靠岸，其順序：上午 10 時 18 分，碧雲寺觀音佛祖（佛祖）；上午 10 時 20 分，碧雲寺觀音佛祖（大媽）；上午 10 時 27 分，三隆宮溫府千歲、三府千歲。

　　上午 10 時 33 分，神轎登岸，岸邊設供桌祭祀，供品：牲禮（豬頭、雞、魚）、紅龜、發糕、麻荖、五項水果、十二小杯、十二碗、兩束花。祭

祀完後，四角頭福德正神陪三府千歲回三隆宮。其他船隻隊伍（神轎）遶行圓滿後，由大福漁港或白沙尾港回港，神轎返回各自行宮，準備下午「請王」的儀式。

圖 5-22：小琉球三隆宮戊戌正科遶巡海島路線圖（遶港腳）

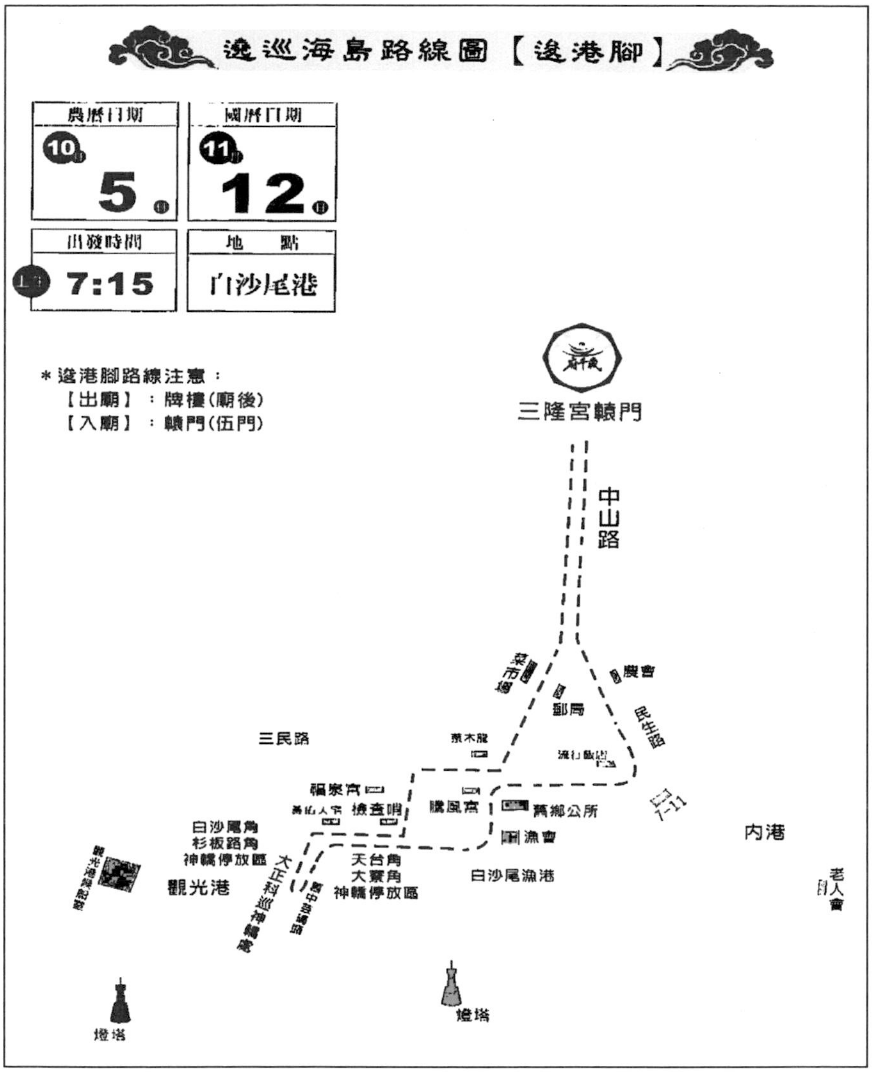

圖片來源：《琉球鄉三隆宮戊戌正科（2018）平安祭典會工作手冊》
【黃永財翻攝：2020/2/14】

（二）請王與請水

小琉球三隆宮迎王平安祭典中「請王」，是重要活動之一，主要都圍繞著「代天巡狩」——大千歲駕臨。對於「請王」與「請水」，近幾科改稱「請

王」，不再用「請水」，因此，請王與請水不可混淆。譬如，戊戌正科迎王平安祭典的宣傳海報及旗幟，用「請水」可能是疏忽，應該用「請王」才對。【圖5-23】

圖5-23：迎風旗「請水」，應改為「請王」（三隆宮戊戌正科）

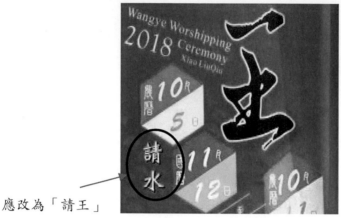

應改為「請王」

【黃永財拍攝：2018/11/9】

「請王」，各地之俗不同，小琉球的請王由轎班負責，在請王之期，所有神轎及轎班到達中澳沙灘候駕，齊聚岸邊感應本大科年的大千歲是由哪位王爺擔任，再由各轎班附乩扶筆登上請王會壇的供桌上，用轎籤寫下大千歲的「銜頭」。以「降筆報姓」，如果所報銜頭（大千歲的姓）準確，開始鳴炮恭迎千歲爺駕臨。

換句話說，民間信仰，大科年大千歲奉玉皇上帝前來巡狩，已經到達小琉球海域，等待報出代天巡狩千歲爺姓氏：「奉玉旨代天巡狩○」，若正確，眾人皆喊「大千歲駕到！」全部的過程是恭請大千歲等王爺駕臨，稱為「請王」。

「請水」，凡廟宇、神壇，凡有新雕刻神像（金身）必須進行請水及過火的儀式。是一種回歸祖神，廟宇向大自然的請乞活動。其目的乃緣由有二：一是早年無法回中國進香，到海邊請水以示不忘祖神；二是向大自然請賜威嚴，感念上蒼的賜予之意。〔註50〕請水可固定或臨時性舉行，儀式大多由法師主持，先行調五營神兵護駕，再率領人馬下河或海域汲水，之後用黑傘護送上岸。

〔註50〕劉還月：《臺灣民間信仰小百科〔迎神卷〕》（臺北市：臺原出版社，1997年8月，第一版），頁58。

　　三隆宮管理委員會對於「請水」、「請王」的說法：小琉球請水、請王儀式一向在白沙尾中澳沙灘舉行，因其沙灘在小琉球最為寬闊綿延，可容納所有的神轎隊伍及信徒。又其地朝向東北，為生氣之方，也是三府千歲由閩地而來及以往參加迎王所在東港之方位，蘊含有崇本報恩之義。再者，天河居箕、斗二宿之間，位於東北，為天庭所在及代天巡狩大千歲降臨之方位。早期請水儀式比較簡單，是由三隆宮的祭典執事人員準備供桌牲禮及金、銀紙箔，鄉民則準備五味碗，到中澳沙灘祭拜，當時的請水稱「請水王」。乙丑科（1985），請水儀式有了很大的改變，如：搭將臺、法師登壇演醮、王令開光儀式以及報銜頭。因為所報為代天巡狩大千歲的尊姓，因此請水也正名為「請王」，即是迎接代天巡狩大千歲王駕降臨之義。〔註51〕

　　三隆宮戊戌正科（2018）興建請王法會壇，於國曆11月9日（農曆10月2日）下午15時，在中澳沙灘，由設計科人員執行任務。戊戌正科（2018）恭請代天巡狩王駕（大千歲等王爺），於國曆11月12日（農曆10月5日）中午12時30分出發前往中澳沙灘請王。出發前應注意的事項：

1. 隊伍通過廟宇時，不必做出接駕禮儀，掌握時間不得違規。
2. 隊伍到達請王地點，按照指定位置列隊恭候，並接受指揮人員指揮，以維持秩序及安全。
3. 迎王駕法會臺人員規定：只限科巡及管理委員會人員、法會道士及內司人員、祭事組、報銜駕人員等上臺，其他人員不可以上法會臺。
4. 報銜駕：由四大柱遵守禮規報駕，如時間超過，由執事人員宣布，開放各神轎報駕，但三府千歲、中軍府、觀音佛祖（佛祖）、觀音佛祖（人媽）除外，以各神轎頭筆為之。
5. 王駕駕臨後，各隊照順序迅速依照路線回宮，回宮後即刻準備過神火，過神火時間以大千歲入廟視情況由外務科長宣布之。〔註52〕

　　三隆宮戊戌正科（2018）「請王」隊伍，於國曆11月12日（農曆10月5日）中午12時，在三隆宮廟埕廣場集合，【圖5-24】隊伍排列順序如下：

〔註51〕資料來源：三隆宮管理委員會，筆者田野調查，地點：屏東縣琉球鄉碧雲寺，日期：2019年4月5日。
〔註52〕資料來源：《琉球鄉三隆宮戊戌正科（2018）平安祭典會工作手冊》，頁58、59。

表 5-11：戊戌正科（2018）「請王」，大正隊伍排列順序（起程、回程相同）一覽表

序號	隊　伍	備　註
1	三府千歲大旗	
2	鼓吹班、班頭	
3	三隆宮先鋒隊	
4	大寮角隊伍	
5	天臺角隊伍	
6	杉板路角隊伍	
7	白沙尾角隊伍	
8	觀音佛祖大旗	
9	鼓吹班	
10	觀音佛祖（佛祖）	
11	觀音佛祖（大媽）	
12	中軍府	神轎
13	五千歲	神轎
14	四千歲	神轎
15	三千歲	神轎
16	二千歲	神轎
17	管理委員會	委員、監事、常務監事、總幹事、主任委員。
18	祭典會	參事、理事、副總幹事、總幹事、秘書、副總理、名譽副會長、名譽會長、大總理。
19	宋江陣、王馬、帥印	
20	千歲令	五千歲令、四千歲令、三千歲令、二千歲令、大千歲副令（人）、大千歲副令（地）、大千歲令（天）。
21	聖樂隊	
22	哨角隊	
23	內司班	
24	大千歲	大鑼班頭隊、大千歲神轎、帥旗（回程）、隨香人員。

資料來源：

1.《琉球鄉三隆宮戊戌正科（2018）平安祭典會工作手冊》，頁 58。

2. 筆者整理。

圖 5-24：小琉球三隆宮廟埕神轎隊伍集結（戊戌正科）

【黃永財拍攝：2018/11/12】

（三）中澳沙灘請王駕

請王法會中，報銜頭前，必須先為各千歲的令牌作開光的儀式，賦予神性。大千歲的令牌上書「奉玉旨代天巡狩大千歲令」，而二、三、四、五千歲書「奉玉旨代天巡狩某千歲令」，中軍令則書「奉玉勒令代天巡狩麾下中軍令」。代天巡狩，每科有五位千歲爺及兩位副將與中軍府，只有大千歲表姓，但不表名，其祂千歲爺等不表姓名。

參加戊戌正科（2018）平安祭典請王神轎隊伍，國曆 11 月 12 日（農曆 10 月 5 日）下午 14 時以前，全部在小琉球中澳沙灘集合排列完畢。【圖 5-25】參加隊伍：大正隊伍：10 頂（含碧雲寺四駕）；大寮角：9 頂；白沙尾角：23 頂；天臺角：14 頂；杉板路角：12 頂。總計 68 頂神轎。

圖 5-25：請王—小琉球中澳沙灘神轎排列（三隆宮戊戌正科）

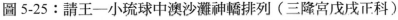

【黃永財拍攝：2018/11/12】

神轎原有做編號，須依編號順序停轎，但進入中澳沙灘後，少數神轎未依規定停放。筆者依現場神轎停放位置，從面向海由左至右開始逐一做記錄。神轎隊伍序號如下表：

表 5-12：戊戌正科（2018），中澳沙灘「請王」神轎隊伍一覽表

序號	角頭、隊伍	隊 伍 名 稱	類別	轎班上衣顏色（近似）
1	大寮角	金都府—金都二元帥	神轎	白
2	大寮角	佛池寺—崗山佛祖、觀音佛祖、池府千歲	神轎	橘
3	大寮角	伍龍宮—五府千歲、（大元堂—大元師爺）	神轎	紫
4	大寮角	玄德宮—五府千歲、（崇隆堂—西天佛祖）	神轎	紅
5	大寮角	南天宮—齊天大聖	神轎	紅
6	大寮角	聖后宮—天上聖母、（華山代天宮—五府千歲）	神轎	黃
7	大寮角	水興宮—水仙尊王、（震興堂—池府千歲）、（本安府—二府元帥）	神轎	粉紅
8	大寮角	水興宮—王船	王船	粉紅
9	大寮角	大福—福安宮—福德正神、（萬聖府—萬聖公）、（東安府—松王公）、（華隆寺—華千歲）	神轎	白
10	白沙尾角	廣山隆—黃府千歲	神轎	黃
11	白沙尾角	瓦厝內—南普陀佛祖	神轎	黃
12	白沙尾角	溫府千歲堂—溫府千歲	神轎	藍
13	白沙尾角	李厝—朱府千歲	神轎	藍
14	白沙尾角	黃厝—田府千歲、溫府千歲	神轎	紫
15	白沙尾角	靈如寺—如來佛祖	神轎	黃
16	白沙尾角	李厝—金府千歲	神轎	淡藍
17	白沙尾角	泰興壇—廣澤尊王	神轎	黃
18	白沙尾角	朝慈宮—天上聖母	神轎	桃紅
19	白沙尾角	城隍廟—城隍尊神	神轎	螢光綠
20	白沙尾角	真武堂—北極玄天上帝	神轎	綠
21	白沙尾角	鳳興寺—濟公活佛	神轎	藍

22	白沙尾角	幸山寺—廣澤尊王	神轎	白
23	白沙尾角	中路—明義堂—開臺聖王	神轎	白
24	白沙尾角	水仙宮—五毒大神	王船	黃
25	白沙尾角	水仙宮—水官聖帝	神轎	黃
26	白沙尾角	靈山寺代天宮—五府千歲	神轎	白
27	白沙尾角	三仙宮—三仙姑	神轎	桃紅
28	白沙尾角	哪福堂—中壇元帥	神轎	藍
29	白沙尾角	陳厝—送子觀音、（聖得堂—天上聖母）	神轎	黃
30	白沙尾角	騰鳳宮—大眾千歲	神轎	粉紅
31	白沙尾角	福泉宮—福德正神	神轎	淡藍
32	大正	碧雲寺—觀音佛祖	神轎	黃
33	大正	代天巡狩—二千歲	神轎	黑
34	大正	代天巡狩—三千歲	神轎	粉紅
35	大正	代天巡狩—四千歲	神轎	紅
36	大正	代天巡狩—五千歲	神轎	綠
37	大正	代天巡狩—大千歲	神轎	黃
38	大正	碧雲寺—四駕	神轎	黃
39	大正	三隆宮—先鋒府	神轎	黑
40	大正	碧雲寺—觀音佛祖	神轎	黃
41	天臺角	天南—福安宮—福德正神、（萬善堂—萬應元帥）、（二龍宮—詹府千歲）	神轎	綠
42	天臺角	姚池宮—姚府千歲、（天仙宮—赤腳大仙）、（黃厝—天上聖母）	神轎	黑
43	天臺角	池南宮—池府千歲	神轎	深藍
44	天臺角	南潭—中營福安宮—福德正神、（萬應堂—萬副元帥、萬應公）	神轎	深藍
45	天臺角	井仔口龍鳳寺—崗山佛祖、（慈善宮—劉仙姑）	神轎	綠
46	天臺角	井仔口—清壇—西天大聖	神轎	黃
47	天臺角	厚石—洪厝—池府千歲	神轎	藍
48	天臺角	五池宮—五府千歲	神轎	白
49	天臺角	朝聖堂—天上聖母	神轎	紫
50	天臺角	天臺頂—天上聖母、黃府千歲	神轎	綠

51	天臺角	五柱內—天龍寺—觀音佛祖、池府千歲、五大神佛	神轎	黃
52	天臺角	陳厝—保生大帝、（太子壇—中壇太子爺）、（海仙壇—海仙神）	神轎	白
53	天臺角	番仔厝—福德正神、觀音佛祖、天德仙女	神轎	綠
54	天臺角	南福村五王宮—五府千歲	神轎	黑
55	杉板路角	上杉—福安宮—福德正神、（萬年宮—萬將千歲）、（許厝—池府千歲）	神轎	藍
56	杉板路角	旨元宮—許府元帥、（萬金堂—萬眾千歲）	神轎	螢光綠
57	杉板路角	福隆宮—溫府千歲、中壇元帥、范府千歲	神轎	紫
58	杉板路角	五連宮—范府千歲	神轎	藍
59	杉板路角	三興宮—黃府千歲、天上聖母、廣澤尊王	神轎	藍
60	杉板路角	朝天宮—天上聖母	神轎	桃紅
61	杉板路角	天聖宮—天上聖母	神轎	桃紅
62	杉板路角	聖池宮—天上聖母、池府千歲、姑娘媽	神轎	淡黃
63	杉板路角	王母宮—天官大帝	神轎	白
64	杉板路角	花矸仔—太元宮—哪吒元帥、（黃隆宮—黃府千歲）	神轎	淡紫
65	杉板路角	朝龍寺—送子觀音、阿彌陀佛、李府千歲	神轎	藍
66	杉板路角	代清宮—七府千歲	神轎	紅
67	白沙尾角	池隆宮—池府千歲、（李厝—伍府千歲）	神轎	黑
68	大正	中軍府	神轎	白

資料來源：筆者田野調查及整理。

　　神轎的排列情形，大正神轎隊伍排列於法會臺正前方，如序號 39 三隆宮先鋒府神轎位於法會臺前正中央；序號 38 碧雲寺四駕位於法會臺前左（面向海左側）；序號 40 碧雲寺觀音佛祖神轎位於法會臺前虎邊（面向海右側）。而漁福村池隆宮池府千歲、（李厝伍府千歲），排列最右側，未排入白沙尾角隊伍中。

　　參加請王 68 頂神轎，一頂接著一頂排列中澳沙灘上。轎班衣服（上衣）的顏色，有白、橘、紫、紅、黃、藍、綠、黑等，五顏六色，布滿整個沙灘

上，甚是熱鬧有活力。同時，鄉民早已準備供品（五味），擺列於沙灘上兩側，排場十分壯觀，有如古代帝王駕臨，萬民等待迎接盛況。【圖 5-26】

圖 5-26：小琉球三隆宮戊戌正科中澳沙灘請王供品（五味碗）

【黃永財拍攝：2018/11/12】

　　請王，「報銜駕」，依三隆宮訂下規則，就是禮遇四角頭福德正神先試著感應報駕，如果超過規定時間，則由執事人員宣布開放各神轎報駕。

　　下午 15 時 43 分，中澳沙灘的神轎開始有動作，代天巡狩中軍府與本福村水仙宮五毒大神兩頂神轎（神尊）「對話」，不久，就分開。下午 15 時 47 分，原本是三對一「對話」，一開始是代天巡狩中軍府、漁福村池隆宮池府千歲、碧雲寺觀音佛祖（大媽）對上杉福安宮，之後又加入白沙尾福泉宮，形成五頂神轎聚在一起「討論」。前述「對話」、「討論」現象，據轎班表示：是邀請對方前去海水邊感應，試著「報銜駕」，或許神明們在溝通「代誌」（事情）。

　　兩間福德正神廟開始試感應。下午 15 時 54 分，白沙尾福泉宮神轎試著報駕，下午 16 時，天南福安宮神轎試著報駕。而禮遇四角頭福德正神時間已到，則開放其他神轎報駕，下午 16 時 17 分，本福村廣山隆黃府千歲神轎試著報駕。

　　中澳沙灘上的神轎持續著「對話」或試著「報銜駕」動作，而在堤岸上，聚集許多攤販，轎班、鄉民、遊客等，不斷穿梭在沙灘與堤岸上的攤販中。時間接近下午 17 時左右，人潮一直湧入，民眾想找一個好角度位置站著，不容易。這時候天色漸暗，在沙灘上神轎的燈，一頂又一頂的一閃一閃亮起，加上動聽流行歌曲播放，使整個小琉球中澳沙灘像辦神明、神轎、轎班的「嘉年華會」。同時在中澳沙灘上空中，出現六架空拍機在盤旋，拍下戊戌正科請

王盛況。【圖 5-27】

圖 5-27：小琉球中澳沙灘上神轎的燈閃亮著（三隆宮戊戌正科）

【黃永財拍攝：2018/11/12】

　　三隆宮戊戌正科（2018）平安祭典，國曆 11 月 12 日（農曆 10 月 5 日）下午 14 時，68 頂神轎聚集中澳沙灘請王，其間小琉球地方公廟（碧雲寺、三隆宮）及四角頭福德正神廟，其神轎主動邀請各廟的神轎，嘗試感應上臺報銜頭（本科大千歲姓）。然而神轎雖有大動作之舉，但不輕易嘗試報銜頭，據轎班說，深怕報錯會漏氣丟臉，因此，大多神轎只有靜觀其變。

　　下午 17 時 22 分，南福村姚池宮姚府千歲「報銜頭」：「奉玉旨代天巡狩吳」，正確無誤，接著高喊「吳大千歲駕到」。立即響起鞭炮聲、煙火、掌聲、歡呼聲，如雷撼動，人群的目光馬上投向沙灘的法會臺（請王臺），照相機、空拍機不斷閃爍，三隆宮戲棚「群英」劇團已經起鼓扮仙，恭迎戊戌正科（2018）「吳大千歲」等王爺，駕臨小琉球。【圖 5-28、圖 5-29】

圖 5-28：小琉球中澳沙灘鳴放鞭炮煙火，恭迎戊戌正科吳大千歲駕到

【黃永財拍攝：2018/11/12】

圖 5-29：小琉球三隆宮戊戌正科吳大千歲王駕

【黃永財拍攝：2018/11/12】

圖 5-30：小琉球三隆宮戊戌正科恭迎代天巡狩王駕路線圖（請王）

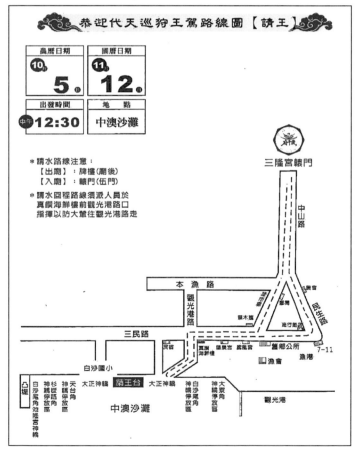

圖片來源：《琉球鄉三隆宮戊戌正科（2018）平安祭典會工作手冊》

【黃永財翻攝：2020/2/14】

三、過火、放榜、祀王

戊戌正科（2018）吳大千歲王駕駕臨小琉球後，各隊伍照順序迅速依路線回宮。在三隆宮即刻準備神火，過神火時間以大千歲入廟視情況由外務科長宣布。

「請王蒞境，出榜安民」，從榜文中可看出寓有對地方清流、道德、人倫等的關懷，可說恩威並重，獎善懲惡的宗教道德勸說。

當過完神火後，入宮安座祀王，子時再由大總理、副總理等敬王。遶境期間，遶境前先祀王，遶境後入宮安座再祀王，子時再敬王。而祀王都由大總理主祭。

（一）過火除穢

「過火」，是民間祭典中，借火來清淨，由道士和法師執行，後來漸由童乩取代，但有些過火還是由法師主持。過火儀式除了法師、道士之外，主要是由轎班打赤腳扛著大轎（神轎）、四駕、或捧著神像，最後信徒加入，進行的儀式，信徒俗信可以除穢、開運、保平安等。

過火儀式中，危險性很高，如「過柴火」，過柴火的工程浩大，先在廣場上疊好木柴，由法師或童乩淨五方並施平安符後，再將木柴點火燃燒，之後再堆平地上。除了過柴火之外，盛行於宜蘭到花東地區的「過金火」，其儀式及目的與其他過火是相同的，就是將金紙集中一堆，再將金紙點燃，信徒踏著燃燒金紙堆上快速通過所進行的儀式。〔註53〕

中澳沙灘恭請戊戌正科（2018）吳大千歲王駕駕臨後，回到三隆宮準備過火儀式，三隆宮依早例邀請四角頭福德正神加入各千歲的過火儀式。過火儀式分兩地舉行，三隆宮過的是「熟火」（灑鹽）；碧雲寺過的是「生火」（不灑鹽）。所以碧雲寺觀音佛祖（佛祖）、觀音佛祖（大媽）、四駕，回到碧雲左側一塊空地，原三隆宮草廟舊址，進行過火儀式。

國曆11月12日（農曆10月5日）下午19時24分，三隆宮廟埕廣場，將過火的木材分五堆，按照東、南、西、北、中的五方位，原取「五方火」有清淨的意思，正因小琉球迎請的五位千歲，所以俗稱「五王火」。五王火堆各放入金紙（敕符），於下午19時28分點燃。【圖5-31】未正式過火前，神轎

〔註53〕劉還月：《臺灣民間信仰小百科〔靈媒卷〕》（臺北市：臺原出版社，1996年11月，第一版），頁129。

試著遶火堆一圈而出。下午 19 時 36 分，頭筆進入火堆（五王火）旁，試著遶幾圈出來。五堆木柴的火經過一段時間燃燒，火勢漸小，工作人員用長竹竿將柴堆打平，一直打平，然後「捧鹽米」，再將火堆打平，火堆向四方擴散平整，火堆一定要很平整，而且木柴要確實均已燃燒完成，否則很危險。

圖 5-31：五王火（小琉球三隆宮廟埕，戊戌正科）

【黃永財拍攝：2018/11/12】

據有 42 年頭筆經驗的黃清進說：過火，火炭必須向外擴散打平，不要太厚，腳踩下去，最好不超過腳底一半。太厚，踩下去又加上扛大轎的重量，使腳底整個被火炭覆蓋著，會傷到腳面。因為早期的人，打赤腳到處行走，腳底皮較厚，所以過火沒有太大問題。現今大家平時穿鞋腳底較薄，較容易受傷，所以過火要很小心。〔註 54〕

下午 20 時 25 分，紅頭法師做完儀式後，戊戌正科（2018）過火正式開始。參加過火的轎班打赤腳，主持儀式司儀，一直強調用「走」的，不要「跑」。過火隊伍依序為：頭筆、三隆宮先鋒隊、大千歲、二千歲、三千歲、四千歲、五千歲、中軍府、大福福安宮、天南福安宮、上杉福安宮、白沙尾福安宮。從起點到終點，過火三次。

主持儀式司儀，再三提醒強調用走的，不要跑，並宣布，信徒可以參加，但是必須先將腳洗乾淨，跟著神轎隊伍後面，用走的，不要跑。下午 20 時 45 分，過火儀式，在「紅頭」法師主持儀式後圓滿順利結束。整個過火儀式，主持儀式司儀很有經驗，每當一頂神轎將通過時，會帶動圍觀民眾向轎

〔註 54〕受訪者：黃清進（男，三隆宮頭筆副組長），訪談者：黃永財，地點：屏東縣
　　　　琉球鄉碧雲寺，日期：2019 年 8 月 23 日。

班用「喔……」，提高士氣，並一再廣播用走的。三隆宮所過的火是「熟火」，是摔鹽降溫，所以才要求轎班及信徒用走的，不要跑，避免摔倒反而造成意外。

（二）放榜安民

國曆 11 月 12 日（農曆 10 月 5 日）下午，到中澳沙灘請王神轎隊伍尚未回到三隆宮時，廟埕已經準備好，敬「王豬」、「王羊」。右側（虎邊）供桌前，供豬一隻，豬頭向外（朝王府戲臺），整隻豬置放在長板凳上。豬的四隻腳綁住在長板凳的四腳上，並用紅紙圈貼豬腳。豬頭下方，置一白鐵水桶，桶內是豬的內臟。廟埕左側（龍邊）供桌前，供羊一隻，羊頭向外（朝王府戲臺），整隻羊置放在長板凳上，羊的四隻腳用紅紙圈貼。羊頭下方，置一紅色塑膠水桶，桶內是羊的內臟。

下午 19 時，王馬進入廟埕。馬背上披著「琉球三隆宮戊戌正科王馬」、「恭迎聖駕」。王馬的背上，有木刻寶劍及王印、鏡一面、毛筆一支。王馬旁有兩位馬爺牽著，一旁有馬場派人負責安撫王馬，情緒很穩定，未有急躁不安的現象。〔註55〕下午 19 時 11 分，由本科總幹事請「木刻寶劍及王印」入王府（19 時 9 分從馬背請下木刻寶劍及王印），宋江陣入王府前，分站於兩側。

恭迎王駕入代天府安座，府前正式升起帥旗、帥燈，以示吳大千歲前來視事。同時要執行一項重要的事，就是在代天府前張貼榜文【圖 5-32】：

榜

查察下界人間發榜示事　欽奉萬天聖主金闕至尊玉皇大天尊
玄穹高上帝玉陛下

提點戊戌正科

代天巡狩由二甲進士出身欽加王爵　頒示由因世人愚昧不醒　不
遵國法不尊長上　不忠不孝　不仁不義　迎新棄舊　不廉不
恥　欺詐善良　口是心非　滋事生端　損人利己　結夥搶劫
魚肉鄉里　胡作胡為　自食惡果

本藩感念

〔註55〕迎王的王馬，有兩位馬爺，是由王爺欽定。迎王租王馬，一天 10,000 元，馬場派兩人負責照顧。王馬休息地方，在三隆宮後牌樓的右側斜坡涼亭旁。迎王期間，王馬吃了很多水果，所以幾天下來，胖了不少。

上天　有好生之德　一視同仁　既往不咎　如有執迷不悟　定遭

天譴　爰是剴切曉諭示知

　　咨爾善男信女　各宜言行一致　崇奉

天地神祇　樂善好施　遵守國法　維護社會安寧　孝敬父母　兄

　　弟和諧鞏固世澤綿長　遵守道德　矜孤卹寡　拯弱扶危　無

　　欺無詐　自有

天降吉祥　盜賊絕跡　瘟疫不侵　干戈永息　士子登科　風調雨

　　順　國泰民安　五穀豐登　四海安寧　魚蝦昌盛　工業發達

　　商賈繁榮　大慶昇平　宜其靜聽　示言

　戒哉凜遵無違

　　特此施行　發府前曉諭

　代天巡狩吳大千歲

天運道曆四七一五年歲次戊戌年十月五日〔註56〕

圖 5-32：小琉球三隆宮戊戌正科吳大千歲榜文

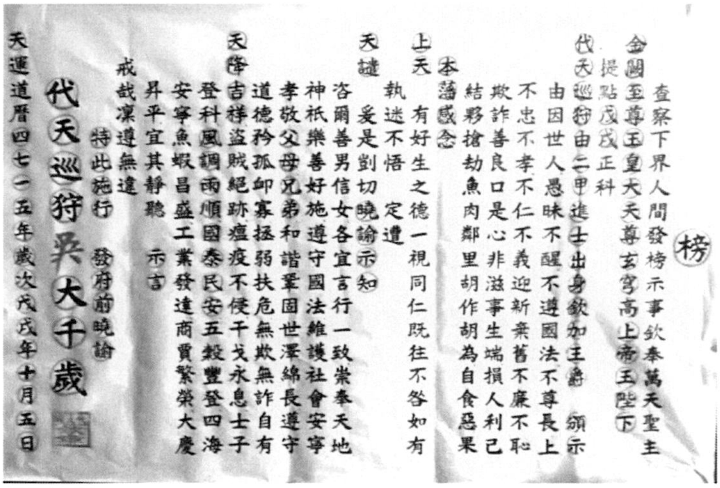

【黃永財拍攝：2018/11/12】

　　榜文是告誡世人應遵守道德，強調忠孝仁義，要知廉恥，不可欺壓善良或胡作非為等行為，如有違反者必遭天譴。榜文除了道德勸說之外，世人如能夠遵守法度，可受上天眷顧，士、農、工、商同受恩澤。至於「魚蝦昌盛」也符合小琉球人的討海的需求。

〔註56〕資料來源：筆者田野調查，地點：屏東縣琉球鄉三隆宮，日期：2018 年 11 月
12 日。

小琉球三隆宮與東港東隆宮的榜文內容全部相同，另一方面，榜文內容提到「瘟疫不侵」，多少還是有掃除瘟疫，具有除瘟的性質。瘟疫雖是先民初期為移民所懼，然而當今醫藥發達，瘟疫較不為世人所怕，但三年一科的大千歲駕臨，對於小琉球人或東港人，還是希望能夠為地方除疫，無災無病永保安康。

（三）晨昏祀王

千歲爺蒞境到小琉球巡狩期間，小琉球人展現崇奉態度，有一連串的款待千歲爺的飲宴及演戲，這是崇祀神明的儀式性行為。當戊戌正科（2018）吳大千歲駕臨小琉球起，王府戲臺的戲棚起鼓敬戲，而王府設置已就緒，等千歲爺王駕入廟安座再祀王，廟內都必須行禮如儀，不可怠慢千歲爺。祀王期間，每日晨、晚兩次，而千歲爺出巡，將廟門關閉，等到出巡回府，才開廟門。

王府內的祀宴之禮是由內司組為禮生，由戊戌正科（2018）大總理洪光輝擔任主祭，科巡的副總理、理事、參事，管理委員會主任委員、委員、總幹事，祭典會名譽會長、名譽副會長、各科科長、組長等全體人員都要穿著長袍馬掛清代式禮服參加敬王。

國曆 11 月 12 日（農曆 10 月 5 日），請王後進行過火，預定下午 20 時 30 分入宮安座祀王，內司組為禮生，大總理擔任主祭，副總理、總幹事、副總幹事、大總理助理敬王。

遶境的四天，遶境前先祀王；遶境完，入宮安座再祀王，其祀王程序及相關與祭人員如下：

國曆 11 月 13 日（農曆 10 月 6 日）上午 7 時，王駕出巡大寮角（大福村），預定下午 21 時入宮安座祀王，內司組為禮生，大總理擔任主祭，由管理委員會主任委員、委員、監事敬王。國曆 11 月 14 日（農曆 10 月 7 日）上午 7 時，王駕出巡天臺角（南福村、天福村），預定下午 21 時入宮安座祀王，內司組為禮生，大總理擔任主祭，由名譽會長、名譽副會長、各科科長、組長敬王。

國曆 11 月 15 日（農曆 10 月 8 日）上午 7 時，王駕出巡杉板路角（上福村、杉福村），預定下午 21 時入宮安座祀王，內司組為禮生，大總理擔任主祭，由內司組人員敬王。國曆 11 月 16 日（農曆 10 月 9 日）上午 7 時，王駕出巡白沙尾角（本福村、中福村、漁福村），預定下午 21 時入宮安座祀王，大總理擔任主祭，副總理、理事、參事敬王。

國曆 11 月 16 日（農曆 10 月 9 日）上午 5 時 5 分遷船法會，王船遷出王船閣安座王府，遷船法會的法會師父、王船組、科巡人員應到齊。國曆 11 月 17 日（農曆 10 月 10 日）上午由各參加神轎轎班及顧問敬王，敬王時，向祭事組領取牲禮，向庶務組領取戲彩行之。上午 7 時 15 分王船遶境，預定下午 17 時入府安座。

祀王的期間，在表定時間，上午 7 時前祀王無誤，但是預定下午 21 時入宮安座祀王，就無法如原表定時間。同時祭典會也發出告知：奉三府千歲諭示，每天出巡入廟時間不得超過當日午夜 24 時。要求各隊伍要遵守，所以預定下午 21 時入宮安座，在平安祭典千歲爺出巡這段期間，無一日可以按表定時間入廟。

表 5-13：三隆宮迎王平安祭典祀王、敬王程序一覽表

祀王程序		敬王程序	
序號	內　容	序號	內　容
1	稟　千歲盥洗	1	進香　跪
2	恭請　千歲升堂高坐	2	祈福
3	班進搖堂	3	上香
4	燃炮	4	行三跪九叩禮
5	鳴鐘鼓	5	獻酒
6	奏聖樂	6	行三跪九叩禮
7	進香	7	禮成　賜福
8	行三跪九叩禮		
9	敬茶　獻茶　上茶		
10	敬涼糕　獻涼糕　上涼糕		
11	敬四果茶　獻四果茶　上四果茶		
12	敬麻荖　獻麻荖　上麻荖		
13	敬檳榔　獻檳榔　上檳榔		
14	敬水煙吹　獻水煙吹　上水煙吹		
15	敬煙筒　獻煙筒　上煙筒		
16	敬水果　獻水果　上水果		
17	行三跪九叩禮		
18	禮成　賜福		

資料來源：1. 三隆宮管理委員會。　2. 筆者整理。

第三節　王駕出巡，遷船送王

　　戊戌正科（2018）迎王平安祭典，王駕出巡遶境，於國曆11月13日（農曆10月6日）正式展開，遶境四天落在星期二、三、四、五，並非假日，但是轎班都已入隊報到，所以遶境的第一天，小琉球看到許多穿著轎班衣服的人穿梭隊伍及路上，由於轎班幾乎全員到齊，遶境隊伍更加龐大。萬人打頭陣，大千歲神轎押後，神轎前有聖樂隊、哨角隊、班頭隊、內司班，形同古代帝王出巡的陣仗盛況。

　　王駕出巡遶境，由於隊伍綿長，為能達成順利平安，祭典會訂定接駕及遶境隊伍到廟行禮規定，同時張貼走輦處，以及信徒的跪道祈求等處理方式。另有一項重大工程，就是轎班的餐點，還有隨香、遊客的點心，都是煞費各角頭的主辦人的腦筋。

　　王船遶境，又是帶動整個迎王祭典另一波高潮，當王船遶巡之處，信徒沿路不斷添載，這時候出現一批來自全臺攝影愛好者，不斷捕捉王船及信徒的鏡頭。當王船遶境結束後回到三隆宮，緊接著有宴王的儀式，再來進入戊戌正科（2018）迎王平安祭典尾聲——凌晨送王。

一、遶境的過程及規定

　　迎王遶境，在民間宗教信仰，是掃除邪靈，維續地方居家安全，所進行戶外活動。小琉球三隆宮的迎王祭典，神轎隊伍來自於島上的廟宇，轎班也是由小琉球人擔任居多，對於三年一次的臨時性聚集，在管理上困難度很高。雖是如此，小琉球已有悠久的迎王遶境歷史，對於隊伍、陣頭等路程規劃及規定，也發展出一套規則。

（一）遶境過程的變更

　　小琉球三隆宮自辦迎王初期，遶境只有一天，隊伍唯遶行島上的大馬路，之後遶境一天改兩天。然而改變的年代，不同文獻則有不同的記載。如鄭華陽編纂：《船心傳藝——乙未正科王船建造紀錄手冊》：「丁未科（1967）遶境日期由一天改為兩天，首日大寮角（大福村）、天臺角（南福村、天福村），第二日杉板路角（上福村、杉福村）、白沙尾角（本福村、中福村、漁福村），由白沙尾角的蔡荐擔任大總理。」〔註57〕

〔註57〕小琉球王船組著作、鄭華陽編纂：《船心傳藝——乙未正科王船建造紀錄手

　　遶境一天改為兩天的年代，三隆宮管理委員會，未出刊的廟誌，在「迎王的過程——遶境」，其記載：但在庚戌科（1970），在迎完大寮角、天臺角、杉板路角，之後，天色已暗，於是大總理李披提議在飛機場安營，隔天（第二天）才迎白沙尾角。此後，迎王即由一天改為兩天，大寮角、天臺角合一天；杉板路角、白沙尾角合一天。〔註58〕

　　由於小琉球島上的神轎增加，藝陣有更多加入，所以遶境於乙丑科（1985），再從兩天再擴為四天，沿用至今。

　　三隆宮最早只有三府千歲的神轎，轎班是由全鄉四角頭的弟子所組成，又從各角頭轎班中，各選出四個人一組的輦班，負責扛三府千歲的副駕（黑牛罡），在迎王祭典期間，有審理陰陽、捉拿惡徒、指揮調遣、秩序維護以及各寺廟神壇祀品的巡檢，都能發揮其斷案神速，賞罰分明的特色。到了乙丑科（1985），因為三隆宮王府神轎增為大千歲、二千歲、三千歲、四千歲、五千歲、中軍府、先鋒等七頂。轎班的衣服顏色也由早期黑衣白褲跟著改變，由擲杯決定各角頭所負責的神轎，如大千歲，由中福村、漁福村負責，穿黃衣黃褲；二千歲，南福村，黑衣白褲；三千歲，天福村，粉紅衣白褲；四千歲，本福村，紅衣白褲；五千歲，上福村，綠衣白褲；中軍府，杉福村，白衣白褲；先鋒，大福村，黑衣黃褲，即由王爺欽點多人，擔此重任。

　　迎王遶境，早年首站都由大寮角出發，主要是先民陳明山攜香火到小琉球的大寮鼎定千秋，為追本溯源，才作這樣安排。而遶境隊伍的先鋒，早年是以擔任大總理所在角頭的福德正神擔任先鋒，但在丁未科（1967），白沙尾蔡荐；庚戌科（1970），白沙尾李披；癸丑科（1973），白沙尾楊文玉，連續三科都由白沙尾人士擔任大總理，所以白沙尾角的福德正神依例擔任三科迎王遶境的先鋒。結果引起其他三角頭的異議，遂於丙辰科（1976），改由三隆宮溫府千歲擔任先鋒隊伍，並規定爾後擔任該大科年大總理的角頭，不可參加下一科大總理的遴選。

　　現今迎王遶境由三隆宮溫府千歲擔任先鋒，而遶行當日角頭的福德正神，則排於後。另外一點，早期的神轎每早都要先到該角頭的福安宮集合，再由該角頭福德正神率領前往三隆宮的廟埕前廣場集合，等候出發遶境，太耗時

　　　　冊》（無出版地、出版社、日期），頁11。
〔註58〕資料來源：三隆宮管理委員會，筆者田野調查，地點：屏東縣琉球鄉碧雲寺，
　　　　日期：2019年4月5日。

費功,現今則改為直接到三隆宮集合即可。

對於迎王遶境的首站,小琉球三隆宮以大寮角出發,其因為追本溯源。而東港東隆宮先遊行到「莊母」,其因是在平安祭典的歷史上,「新街仔」的船商,經濟較好而有捐獻;另有一說是新街仔是開莊之地,整個發展的根基(母),所以飲水思源先遊行新街仔(莊母)。〔註59〕

(二)接駕規定

戊戌正科(2018)恭請王駕之日、每日出巡入廟應注意:中軍府、五千歲、四千歲、三千歲、二千歲等大轎入廟的時候〔註60〕,即刻在指定地方停駕,所有轎班人員及宋江陣人員,從午門牌樓兩邊排班至代天府前,接旗杆也要兩邊排班,由頭筆及先鋒、中軍府、五千歲、四千歲、三千歲、二千歲、四大柱接駕。所有人喊班「威武……威武」,各頭筆人員接駕至代天府前即可,班頭在代天府兩邊排班。再由內司人員為禮生引導入府安座,執事人員依序捧請大千歲、二千歲、三千歲、四千歲、五千歲、中軍府,入府安座,先鋒官寄座。〔註61〕

每日出巡接駕安座「八座」原則:由主事人員捧請中軍府、五千歲、四千歲、三千歲、二千歲、大千歲,內司人員依禮陪侍,轎班人員拿涼傘接駕安座即可。頭筆辦案規則:頭筆一組,帶文房四寶候駕使用,隨隊伍自由行,到下午14時30分左右,頭筆駐在角頭福德正神廟接受辦案,以登記人數辦完為止。〔註62〕

領隊須知:平安祭典會依照各角頭福德正神廟,負責人報名隊伍編列遶境順序及號碼。出巡信號:每日出巡遶境時間是上午7時準時出發,逾時不候。當發出第一發信號,是通知各隊伍向集合地點列隊待命。第二發信號,則通知代天巡狩大千歲王駕已登坐王轎準備出發中。第三發信號,以有在場的陣頭神轎按照各角頭隊伍依序出發。但遲到的隊伍自行追趕並按順序排入,同時在遶境中的隊伍應遵守公共秩序,不得自行脫隊或插隊,以維持秩序及安全。各寺廟壇堂的接駕禮,一律用淨爐拜三次為接駕,不必踏「八卦」,

---

〔註59〕李豐楙總編:《東港迎王——東港東隆宮丁丑正科平安祭典》(臺北市:臺灣學生書局,1998年10月,初版),頁139。

〔註60〕遶境時,千歲爺隊伍排列順序,中軍府在前,再從五千歲到二千歲,所以回三隆宮時,五千歲神轎先到三隆宮代天府。

〔註61〕《琉球鄉三隆宮戊戌正科(2018)平安祭典會工作手冊》,頁53。

〔註62〕《琉球鄉三隆宮戊戌正科(2018)平安祭典會工作手冊》,頁54。

以最簡單隆重的禮儀行之即可。除了福德正神的神轎之外，其他神轎不必回自己的寺、廟、宮、壇、堂做接駕之行動，以免影響團隊秩序。出巡各角頭，中午休息時間約中午 12 時左右，由各角頭福德正神廟負責人自行決定出發時間。〔註63〕

（三）遶境隊伍行禮規定

恭迎「戊戌正科代天巡狩王駕」，當天遶境隊伍不必做出接駕禮儀。而貼有戊戌正科平安祭典會製發「走輦證」者才參拜走輦，【圖5-33】以最簡單隆重一次禮儀即可，未貼「走輦證」者免走輦，至於涼傘以簡單隆重禮儀即可，只要行一次禮為原則。

圖 5-33：小琉球上杉福安宮走輦處

【黃永財拍攝：2018/11/17】

神將由領先神將或帶刑具的師父揮一禮即可，神轎與神轎間接駕由領隊代表行禮即可。宋江陣、大鼓陣或其他技藝陣以最大禮儀行禮，如以大聲呼唱為禮或轉退鑼鼓一聲表示敬禮。〔註64〕

除了上述行禮規定之外，尚有應注意事項：各隊伍領隊應負責約束隊伍，維持祭典期間的公共秩序及安全，不得違規滋事。當代天巡狩大千歲通行路徑，應整潔守禮規，不得有冒犯王駕的行為，若路人或病人向神將跪道求解，一律以簡單動作解厄，不可停留而阻礙隊伍的行進。

乙丑科（1985）迎王平安祭典，大千歲駕前尚未設班頭、哨角等，到了

〔註63〕《琉球鄉三隆宮戊戌正科（2018）平安祭典會工作手冊》，頁54。
〔註64〕《琉球鄉三隆宮戊戌正科（2018）平安祭典會工作手冊》，頁55。

戊辰科（1988），遶境大寮角，有一少年忽然為外靈所捉持，處置不下時，大千歲喚監斬官（人職，許金順擔任）前來，一劍打下立即退去。大千歲交代要為伊預辦「助陣」，就是在駕前要排設班頭、哨角等助威勢。〔註65〕

發願自願「抬枷」、「掃街路」者，應走在先鋒隊神轎前，「看馬」人員應跟隨王馬，「隨香」應跟在「代天巡狩大千歲王駕」神轎後，不可亂闖而失本份。另外，抬枷、掃街路、看馬、隨香者，則可逐科在王爺案前請求赦免或請允升任為駕前差役，並須逐科稟交「手本」，詳細書寫姓名、住址、年齡、許願情況，在送王時一起化送。〔註66〕

乩童禁止擋住行進隊伍做拜禮的行為，務必自行約束，以維持秩序。遶境途中，如發生電線切斷或緊急狀況時，聯絡人員應隨時通報電氣組或電力公司及醫療組處理，以策安全。遶境入廟各隊伍到達指定休息區待命時，神轎不得亂闖以維秩序，只僅四角頭的「福德正神」，應待「代天巡狩大千歲王駕」入廟照次序朝拜「代天巡狩大千歲」後，始可解散休息。各神轎應遵守起駕信號，即刻列隊出發遶境，不得藉故拖延時間，以擾亂秩序，大總理八臺（八人抬的轎），如遇有人跪地求解者，一律拒絕以策安全。每天出巡「代天巡狩大千歲」返回「代天府」時刻，限於當天夜晚24時以前進王府，絕不得延誤。〔註67〕

二、王駕巡察

王駕巡察，在民間信仰是代天巡狩大千歲等王爺遶巡各地，掃除妖氣，賜福給各方的人們，也對地方人民及各方神明種種問題排解。

小琉球三隆宮戊戌正科（2018）迎王平安祭典，代天巡狩王駕出巡，遶境順序：第一天：大寮角；第二天：天臺角；第三天：杉板路角；第四天：白沙尾角。

遶境隊伍排列順序：三府千歲大旗、報馬、鼓吹班、班頭隊、三隆宮先鋒隊、各角頭神轎大隊〔註68〕、混元法舟、鼓吹班、觀音佛祖（佛祖）、觀音

〔註65〕鄭華陽編著：《字繪琉嶼——琉球信仰側記》（屏東縣：屏東縣立琉球國民中學，2018年10月，初版），頁337。

〔註66〕資料來源：三隆宮管理委員會，筆者田野調查，地點：屏東縣琉球鄉碧雲寺，日期：2019年4月5日。

〔註67〕《琉球鄉三隆宮戊戌正科（2018）平安祭典會工作手冊》，頁55。

〔註68〕各角頭神轎大隊遶境順序，第一天：大寮角、天臺角、杉板路角、白沙尾角。

佛祖（大媽）、宋江陣、王馬、代天巡狩（中軍府、五千歲、四千歲、三千歲、二千歲）、管理委員會（委員、監事、常務監事、總幹事、主任委員）、祭典會（參事、理事、副總幹事、總幹事、秘書、副總理、班頭、大總理八臺）、聖樂隊、哨角隊、班頭隊、內司班、代天巡狩大千歲、帥旗、隨香信徒等。

（一）走輦處及遶境隊伍的順序

出巡第一天：國曆 11 月 13 日（農曆 10 月 6 日）上午 7 時出發，遶境大寮角（大福村），各角頭神轎大隊順序：大寮角、天臺角、杉板路角、白沙尾角，其他隊伍按編排依序行之。中午休息站在大福漁港，【圖 5-34】出發時間由角頭負責人決定。遶境走輦處順序：

圖 5-34：小琉球大福漁港中午休息站

【黃永財拍攝：2018/11/13】

表 5-14：戊戌正科（2018）大寮角（大福村）遶境走輦處順序表

序號	走輦處	序號	走輦處
1	崇隆堂	2	玄德宮
3	本安府	4	參事洪安平
5	震興堂	6	金都府
7	東安府	8	萬聖府
9	水興宮	10	大福福安宮
11	華隆寺	12	南天宮
13	理事陳傳貳	14	大元堂

第二日至第四日，各角頭隊伍順序，依順時針轉換，其他隊伍不變。

15	華山代天宮	16	副總理洪福家
17	大總理洪光輝	18	爐主鍾明雄
19	伍龍宮	20	佛池寺
21	聖后宮	22	碧雲寺

資料來源：

1. 《琉球鄉三隆宮戊戌正科（2018）平安祭典會工作手冊》。

2. 筆者整理。

圖 5-35：小琉球三隆宮戊戌正科代天巡狩王駕遶境大寮角路線圖

圖片來源：《琉球鄉三隆宮戊戌正科（2018）平安祭典會工作手冊》

【黃永財翻攝：2020/2/14】

出巡第二天：國曆 11 月 14 日（農曆 10 月 7 日）上午 7 時出發，遶境天臺角（南福村、天福村），各角頭神轎大隊順序：天臺角、杉板路角、白沙尾角、大寮角，其他隊伍不變。中午休息站在天南福安宮，出發時間由角頭負責人決定。遶境走輦處順序：

圖 5-36：小琉球三隆宮戊戌正科代天巡狩王駕遶境天臺角路線圖

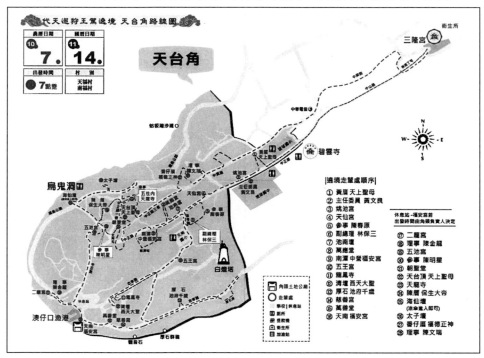

圖片來源：《琉球鄉三隆宮戊戌正科（2018）平安祭典會工作手冊》

【黃永財翻攝：2020/2/14】

表 5-15：戊戌正科（2018）天臺角（南福村、天福村）遶境走輦處順
序表

序號	走　輦　處	序號	走　輦　處
1	黃厝天上聖母	2	主任委員黃文良
3	姚池宮	4	天仙宮
5	參事陳春原	6	副總理林保三
7	池南壇	8	萬應堂
9	南潭中營福安宮	10	五王宮
11	龍鳳寺	12	清壇西天大聖
13	厚石池府千歲	14	慈善宮
15	萬善堂	16	天南福安宮
17	二龍宮	18	理事陳金龍
19	五池宮	20	參事陳明星

21	朝聖堂	22	天臺頂天上聖母
23	天龍寺	24	陳厝保生大帝
25	海仙壇	26	太子壇
27	番仔厝福德正神	28	理事陳文瑞

資料來源：

1. 《琉球鄉三隆宮戊戌正科（2018）平安祭典會工作手冊》。

2. 筆者整理。

出巡第三天：國曆 11 月 15 日（農曆 10 月 8 日）上午 7 時出發，遶境杉板路角（上福村、杉福村），各角頭神轎大隊順序：杉板路角、白沙尾角、大寮角、天臺角，其他隊伍不變。中午休息站在全德國小，出發時間由角頭負責人決定。遶境走輦處順序：

圖 5-37：小琉球三隆宮戊戌正科代天巡狩王駕遶境杉版路角路線圖

圖片來源：《琉球鄉三隆宮戊戌正科（2018）平安祭典會工作手冊》

【黃永財翻攝：2020/2/14】

表 5-16：戊戌正科（2018）杉板路角（上福村、杉福村）遶境走輦處順
序表

序號	走　輦　處	序號	走　輦　處
1	太元宮	12	朝天宮
2	朝龍寺	13	五連宮
3	三興宮	14	理事許江洲
4	參事陳富盛	15	王母宮
5	聖池宮	16	萬年宮
6	天聖宮	17	上杉福安宮
7	旨元宮	18	副總理林家于
8	代清宮	19	福隆宮
9	許厝池府千歲	20	黃金堂
10	理事林明通	21	黃隆宮
11	參事陳進道		

資料來源：

1. 《琉球鄉三隆宮戊戌正科（2018）平安祭典會工作手冊》。

2. 筆者整理。

　　出巡第四天：國曆 11 月 16 日（農曆 10 月 9 日）上午 7 時出發，遶境白
沙尾角（本福村、中福村、漁福村），各角頭神轎大隊順序：白沙尾角、大寮
角、天臺角、杉板路角，其他隊伍不變。中午休息站在城隍廟旁，【圖 5-38】
出發時間由角頭負責人決定。遶境走輦處順序：

圖 5-38：小琉球白沙尾角中午休息站

【黃永財拍攝：2018/11/16】

圖 5-39：小琉球三隆宮戊戌正科代天巡狩王駕遶境白沙尾角路線圖

圖片來源：《琉球鄉三隆宮戊戌正科（2018）平安祭典會工作手冊》

【黃永財翻攝：2020/2/14】

表 5-17：戊戌正科（2018）白沙尾角（本福村、中福村、漁福村）遶境
　　　　走輦處順序表

序號	走　輦　處	序號	走　輦　處
1	明義堂	2	三仙宮
3	幸山寺	4	廣山隆
5	聖得堂　理事陳文瑞	6	靈山寺代天宮
7	水仙宮	8	哪福堂
9	瓦厝內南普陀佛祖	10	陳厝送子觀音　副總理陳滿泰
11	鳳興寺	12	朝慈宮
14	真武堂	15	總幹事蔡文財
16	參事蔡天富	17	城隍廟
18	李厝金府千歲　理事李輝家　參事李順金	19	靈如寺
20	溫府千歲堂	21	黃厝田府千歲　理事張法生
22	池隆宮	23	李厝朱府千歲　參事李平原
24	李厝伍府千歲	25	福泉宮

資料來源：

1. 《琉球鄉三隆宮戊戌正科（2018）平安祭典會工作手冊》。
2. 筆者整理。

戊戌正科（2018）平安祭典，遶境隊伍：大正大隊（三隆宮、碧雲寺）29隊、大寮角9隊、天臺14隊、杉板路角12隊、白沙尾29隊，總共有93隊，不包含信徒隨香在內，人數超過10,592人，與上一科乙未科（2015）的94隊，少了一隊。

戊戌正科（2018）遶境隊伍93隊，包含：神轎65頂（隊）、人職16隊、王船3艘、神將3隊、藝陣2隊、旗2隊、法舟1艘、神馬一隻。而人職包含：報馬、吹班、班頭隊、鼓吹班、宋江陣、哨角、聖樂隊、內司班、管理委員會、科巡人員等。

戊戌正科（2018）遶境隊伍陣容互有增減，如增加「哪福堂」的中壇元帥神轎及「幸山寺」的神將十三太保。減少「騰風宮」的藝陣鼓吹班，「水仙宮」的藝陣鼓吹班，「靈山寺」代天宮的中壇元帥神轎。

表5-18：三隆宮戊戌正科（2018）平安祭典隊伍遶境編隊名冊一覽表

序號	寺廟、角頭	隊　伍　名　稱	類別	人數	負責人
1	三隆宮	大旗		2	由出巡角頭負責
2	三隆宮	報馬	人職	1	陳福全
3	三隆宮	吹班	人職	3	李重震
4	三隆宮	班頭隊	人職	12	李重震
5	三隆宮	三隆宮先鋒隊 溫府千歲 三府千歲	神轎	200	洪仁財
6	大寮角	大福福安宮—福德正神（萬聖府—萬聖公）（東安府—松王公）（華隆寺—華千歲）	神轎	160	洪有進
7	大寮角	水興宮—王船	王船	80	洪新註
8	大寮角	水興宮—水仙尊王（震興堂—池府千歲）（本安府—二府元帥）	神轎	120	洪新註
9	大寮角	聖后宮—天上聖母（華山代天宮—五府千歲）	神轎	130	洪清良
10	大寮角	南天宮—齊天大聖	神轎	120	洪勝賢

11	大寮角	玄德宮—五府千歲（崇隆堂—西天佛祖）	神轎	100	黃秋大
12	大寮角	金都府—金都二元帥	神轎	120	顏慶豐
13	大寮角	伍龍宮—五府千歲（大元堂—大元帥爺）	神轎	120	洪石城
14	大寮角	佛池寺—崗山佛祖、觀音佛祖、池府千歲	神轎	100	洪三元
15	天臺角	天南福安宮—福德正神（萬善堂—萬應元帥）（二龍宮—詹府千歲）	神轎	200	陳智雄
16	天臺角	姚池宮—姚府千歲（天仙宮—赤腳大仙）（黃厝—天上聖母）	神轎	200	黃順進
17	天臺角	池南宮—池府千歲	神轎	120	陳國興
18	天臺角	南潭中營福安宮—福德正神（萬應堂—萬副元帥、萬應公）	神轎	120	陳拔山
19	天臺角	南福村五王宮—五府千歲	神轎	160	陳江山
20	天臺角	井仔口龍鳳寺—崗山佛祖（慈善宮—劉仙姑）	神轎	130	黃文裕
21	天臺角	井仔口清壇—西天大聖	神轎	120	陳金龍
22	天臺角	厚石洪厝—池府千歲	神轎	120	洪玉麟
23	天臺角	五池宮—五府千歲	神轎	120	陳揚銘
24	天臺角	朝聖堂—天上聖母	神轎	200	鄭清泉
25	天臺角	天臺頂—天上聖母、黃府千歲	神轎	150	陳旭星
26	天臺角	五柱內天龍寺—觀音佛祖、池府千歲、五大神佛	神轎	150	陳甲乙
27	天臺角	陳厝—保生大帝（太子壇—中壇太子爺）（海仙壇—海仙神）	神轎	150	陳富濱
28	天臺角	番仔厝—福德正神、觀音佛祖、天德仙女	神轎	160	蔡壽山
29	杉板路角	上杉福安宮—福德正神（萬年宮—萬將千歲）（許厝—池府千歲）	神轎	200	洪義詳
30	杉板路角	旨元宮—許府元帥（黃金堂—萬眾千歲）	神轎	150	李大吉
31	杉板路角	福隆宮—溫府千歲、中壇元帥、范府千歲	神轎	160	林坤員
32	杉板路角	五連宮—范府千歲	神轎	140	陳耀家
33	杉板路角	三興宮—黃府千歲、天上聖府、廣澤尊王	神轎	130	陳連法

34	杉板路角	朝天宮—天上聖母	神轎	100	陳聰正
35	杉板路角	天聖宮—天上聖母	神轎	160	李林秀美
36	杉板路角	聖池宮—天上聖母、池府千歲、姑娘媽	神轎	120	許保吉
37	杉板路角	王母宮—天官大帝	神轎	120	李榮進
38	杉板路角	花矸仔太元宮—哪吒元帥（黃隆宮—黃府千府）	神轎	150	林進龍
39	杉板路角	朝龍寺—送子觀音、阿彌陀佛、李府千歲	神轎	150	蔡新典
40	杉板路角	代清宮—七府千歲	神轎	150	蔡孟育
41	白沙尾	福泉宮—福德正神	神轎	180	蔡山進
42	白沙尾	騰風宮—素蘭小姐陣	藝陣	20	陳德隆
43	白沙尾	騰風宮—大眾千歲	神轎	200	陳德隆
44	白沙尾	陳厝—送子觀音（聖得堂—天上聖母）	神轎	120	陳大川
45	白沙尾	哪福堂—中壇元帥	神轎	70	李益利
46	白沙尾	水仙宮—五毒大神	神將	80	曾東豪
47	白沙尾	水仙宮—王船	王船	100	黃枝福
48	白沙尾	水仙宮—水官聖帝	神轎	100	曾勇智
49	白沙尾	中路明義堂—開臺聖王	神轎	12	蔡麗美
50	白沙尾	瓦厝內—南普陀佛祖	神轎	100	蔡家印
51	白沙尾	廣山隆—黃府千府	神轎	100	蔡家印
52	白沙尾	幸山寺—十三太保	神將	100	郭嘉宏
53	白沙尾	幸山寺—廣澤尊王	神轎	250	郭嘉宏
54	白沙尾	三仙宮—三仙姑	神轎	150	蘇新富
55	白沙尾	靈山寺代天宮—五府千歲	神轎	200	許得財
56	白沙尾	鳳興寺—濟公活佛	神轎	120	施盈吉
57	白沙尾	真武堂—北極玄天上帝	神轎	160	蔡朝和
58	白沙尾	城隍廟—謝將軍、范將軍	神將	30	蔡進賢
59	白沙尾	城隍廟—城隍尊神	神轎	120	蔡進賢
60	白沙尾	朝慈宮—天上聖母	神轎	120	蔡南
61	白沙尾	泰興壇—廣澤尊王	神轎	100	王泰和
62	白沙尾	李厝—金府千歲	神轎	150	李進成
63	白沙尾	靈如寺—如來佛祖	神轎	120	黃漢周
64	白沙尾	黃厝—田府千歲（黃府千歲）	神轎	120	黃春發

65	白沙尾	李厝─朱府千歲	神轎	80	李東興
66	白沙尾	溫府千歲堂─溫府千歲	神轎	100	黃榮和
67	白沙尾	池隆宮─素蘭小姐陣	藝陣	30	陳坤憲
68	白沙尾	池隆宮─王船	王船	100	陳家明
69	白沙尾	池隆宮─池府千歲（李厝─伍府千歲）	神轎	250	陳家明
70	三隆宮	混元法舟	慈航	180	李永賢
71	碧雲寺	鼓吹班	人職	12	李美戀
72	碧雲寺	觀音佛祖（佛祖）	神轎	360	陳富
73	碧雲寺	觀音佛祖（大媽）	神轎	360	陳富
74	三隆宮	宋江陣	人職	40	王天財
75	三隆宮	王馬	神馬	3	林明正
76	三隆宮	哨角	人職	6	林進福
77	三隆宮	代天巡狩─中軍府	神轎	200	林進福
78	三隆宮	代天巡狩─五千歲	神轎	130	李文德
79	三隆宮	代天巡狩─四千歲	神轎	120	蔡捷安
80	三隆宮	代天巡狩─三千歲	神轎	160	陳金源
81	三隆宮	代天巡狩─二千歲	神轎	150	陳安惠
82	三隆宮	管理委員會及科巡等執事人員	人職		
83	三隆宮	參事	人職	8	
84	三隆宮	理事	人職	8	
85	三隆宮	副總理、總幹事	人職	5	蔡文財
86	三隆宮	班頭	人職	2	洪太平
87	三隆宮	大總理八臺（千歲令）	人職	18	洪天健
88	三隆宮	聖樂隊	人職	10	吳中元
89	三隆宮	哨角隊	人職	12	黃佑天
90	三隆宮	班頭隊	人職	12	洪太平
91	三隆宮	內司班	人職	6	李輝民
92	三隆宮	代天巡狩─大千歲	神轎	200	黃佑天
93	三隆宮	代天巡狩─大千歲帥旗	帥旗	2	黃佑天
註：神轎隊伍每日遶境出發前至三隆宮集合。					

資料來源：

1. 《琉球鄉三隆宮戊戌正科（2018）平安祭典會工作手冊》，頁65～74。

2. 筆者整理。

圖 5-40：小琉球戊戌正科迎王祭典，三隆宮場地配置圖

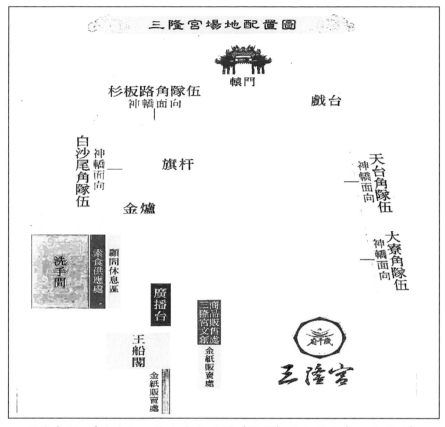

圖片來源：《琉球鄉三隆宮戊戌正科（2018）平安祭典會工作手冊》

【黃永財翻攝：2020/2/14】

（二）迎王陣頭

小琉球三隆宮迎王遶境的陣頭，早期隊伍比較多，如丁丑科（1997）平安祭典的陣頭有宋江陣，藝陣有池隆宮車鼓陣、碧雲寺車鼓陣、潮州六姊妹跳鼓陣、龍陣、獅頭陣；神將則有幸山寺十三太保、水仙宮五毒隊、天營宮五虎將。到了戊戌正科（2018）平安祭典的陣頭，只有宋江陣、素蘭小姐、十三太保、五毒大神。

「宋江陣」，盛行在臺灣中、南部地區，依其組織、兵器及訓練，與臺灣早期地方自衛的武力組織有密切關聯。關於宋江陣的源流，有各種的說法，傳說與《水滸傳》中的宋江等人物有關，依據《宋史‧侯蒙列傳》中所載：「宋江寇京東，蒙上書言：江以三十六人橫行齊、魏，官軍數萬無敢抗者，其才必過人。今青溪盜起，不若赦江，使討方臘以身贖。帝曰：蒙居外下忘君，忠臣

也。命知東平府，未赴而卒，贈開府儀同三司，諡文穆。」〔註69〕前述，歷史上的確有宋江這個人物，而《水滸傳》的人物所舉旗幟是「替天行道、忠義雙全」的口號，深受百姓所認同，於是將其神話附會，與古代星宿三十六天罡和七十二地煞相關的人物為扮演對象。宋江陣，早期農閒時期，是村民學習武藝強身的活動，若遇有地方廟會迎神賽會則出陣熱鬧慶祝，之後成為宗教活動的表演性陣頭。

小琉球三隆宮迎王平安祭典，遶境期間有「宋江陣」演出，例如在丁丑科（1997）平安祭典，宋江陣成員有：總教練張和卿、總教練王保助、教練羅松根、陳國興、高吉泰、總領隊張文富、隊長王春明、副領隊曾滿洲，成員共有 60 人。其組織嚴謹、陣容整齊。

早年小琉球三隆宮迎王平安祭典的宋江陣，是由鄉內的國小組成開始訓練，到了國中或高中到外地就學，形成斷層，所以後來只能從外地聘請宋江陣。而戊戌正科（2018）與乙未科（2015）隊伍陣容的成員只有 40 人。【圖5-41】

圖 5-41：小琉球三隆宮戊戌正科迎王宋江陣表演

【黃永財拍攝：2018/11/12】

早年宋江陣除了成立教練團訓練之外，並訂立「三隆宮宋江陣十戒守則」，其守則為：

〔註69〕〔元〕脫脫等：《宋史》（北京：中華書局出版，1977 年 11 月，第 1 版），卷三百五十一，頁 11114。

表 5-19：三隆宮早年宋江陣十戒守則一覽表

序號	內　　　　容
1	復興中華文化、宏揚武德精神。
2	修心養性、強健體魄。
3	尊師重道、敬老尊賢。
4	孝敬雙親、兄弟和睦。
5	發揮團體精神、同心協力、互助合作。
6	不酗酒、不抽煙、不賭博、不滋事。
7	陣中不遊戲、頑皮、勿怠、勿惰。
8	犯錯勇於承擔、知錯必改。
9	服從教練、老師、長輩之指導。
10	不遵守館規願受三府千歲宋江爺處罰。

資料來源：

1.《琉球鄉三隆宮丁丑科（1997）平安祭典會工作手冊》，頁 53。

2. 筆者整理。

「十三太保」，係專屬於「廣澤尊王」〔註70〕。傳說是廣澤尊王的十三位兒子，又一說是分身或是部將。後人將這十三太子以陣頭化而來，出陣時，由十三位孩子著太子裝、太子帽等裝扮。十三太保陣較為罕見特殊的陣頭，都直屬於寺廟，如屏東縣琉球鄉幸山寺、屏東縣東港鎮鎮靈宮。

乙未科（2015）迎王平安祭典，幸山寺廣澤尊王十三太保未參加。戊戌正科（2018）就有參加遶境，行進中隊伍依身高排列，個子小的在前面，著全套金黃色衣褲。左側太保右手持令旗、右腰佩帶寶劍；右側太保左手持令旗、左腰佩帶寶劍（寶劍外殼為紅色）。十三太保遶境中，隊伍停留較久時，廟方準備折疊式小椅，供十三太保坐下，短暫休息。【圖 5-42】

「五毒大神」，因五福大帝而衍生出的五毒大神陣。五福大帝俗稱五瘟神，即青袍春瘟張元伯，紅袍夏瘟劉元達，白袍秋瘟趙公明，黑袍冬瘟鍾仕貴，黃袍中瘟史文業。後來在民間信仰傳說的演化下，成了為阻止瘟疫而喪生的

〔註70〕廣澤尊王是中國民間信仰中的神明，據《臺南市南勢街西羅殿管理委員會》的記載：廣澤尊王姓郭，名洪福，誕生於五代後唐同光元年（923）2 月 22 日卯時，為唐朝名將汾陽王郭子儀數傳至嵩公始遷於泉州的後代子孫，為福建泉州安溪縣清溪村人，在世以「孝感動天」聞名，十六歲時，後晉天福戊戌年（938）蛻化成神。

五位神明，在迎王遶境，五毒大神裝扮成五瘟神出巡的陣頭，主要是逐瘟祛毒。

圖 5-42：小琉球幸山寺十三太保（三隆宮戊戌正科）

【黃永財拍攝：2018/11/16】

戊戌正科（2018）迎王平安祭典，水仙宮五毒大神行進中隊伍排列：中前為差爺（著黃衣，右持黃扇、左持令旗）；左前大神（著黑衣，右持葫蘆、左持黑扇）；右前大神（著綠衣，右持綠扇、左持葫蘆）；中間大神（右持拂塵、左持葫蘆）；左後大神（著白衣、右持葫蘆、左持白扇）；右後大神（著紅衣，右持紅扇、左持葫蘆）。大神遶境中，隊伍停留較久時，廟方準備折疊式小椅，供大神坐下，短暫休息。【圖 5-43】

圖 5-43：小琉球水仙宮五毒大神（三隆宮戊戌正科）

【黃永財拍攝：2018/11/16】

「素蘭小姐」，是流行歌曲化粧表演陣頭，又稱「素蘭欲出嫁」。主要以「素蘭欲出嫁」歌曲播放，並一路扭動舞步隨著遶境隊伍行進，整體活潑生動，而無章法。

　　戊戌正科（2018）迎王平安祭典，「素蘭小姐」陣，是由屏東縣新埤鄉的「雅萍民俗技藝團」（素蘭要出嫁）演出，其成員有男扮女裝的媒人婆，穿著粉紅禮服的素蘭小姐，及兩人一組，一前一後抬著小轎，另二組也是一前一後抬著小長方形禮盒，形成八人一組，以輕快腳步賣力表演。【圖 5-44】

圖 5-44：藝陣素蘭小姐（三隆宮戊戌正科）

【黃永財拍攝：2018/11/13】

　　「金都府女性轎班」，在迎王遶境隊伍中，雖不是藝陣，但是小琉球迎王遶境隊伍中具特色且顯眼的轎班。由大福村金都府女性擔任轎班，其打扮的服裝是頭戴白粉色帽、藍上衣、白長褲，衣褲加花紋，顯示出青春活力。遶境中，神轎底部加輪子，由女性隊員推、拉前進，有如藝陣的行頭。【圖 5-45】

圖 5-45：小琉球金都府女性轎班（三隆宮戊戌正科）

【黃永財拍攝：2018/11/16】

　　綜言之，小琉球迎王平安祭典的迎王陣頭，整體而言，單純不複雜。除了宋江陣、素蘭小姐、十三太保、五毒大神等。沒有出現長陣頭隊伍，如果迎

王陣頭太多太長，隊伍距離會因此拉大，影響交通之外，也會誤了遶境行程及回駕三隆宮王府。

（三）跪道求解

「王爺辦案」，小琉球三隆宮迎王平安祭典，自丁丑科（1997）開始，王爺指示，四角頭福德正神廟做為辦案的「府衙」，接受信徒預約掛號，為他們審理及解決各類的疑難大事。〔註71〕王爺辦案在迎王的時候，概可分為三類：一是冊封，二是辦案，三是看診。

在平常日子，小琉球人有事都到觀音媽廟請教觀音媽，凡事都以觀音媽的三杯為準，所以有人則說：「小琉球人的命運都掌握在觀音媽手中」。但在三年一次的迎王中，除了「府衙」的辦案之外，大千歲的大輦是可以攔轎伸冤的，也因要辦案，所以大千歲的大輦會延遲特別久。

戊戌正科（2018）迎王平安祭典，迎王遶境的第一天（國曆 11 月 13 日），隊伍在上午 10 時 40 分，位於仁愛路與大福漁港前路角，四位女性信徒向碧雲寺「四駕」跪道求解，而未向「府衙」登記辦案或向大千歲的大輦攔轎。

四位女性中，洪姓鄉民（女，87 歲）向碧雲寺四駕說：早期祖先就在這裡（仁愛路與大福漁港前路角）拜拜，每年過年、清明、農曆七月都要拜，因為年紀大，想要將這習俗改移到萬聖公，求觀音媽做主。碧雲寺四駕則無法立即處理，告知請求碧雲寺神轎（大轎）。於是洪老太太在外孫女陪同下，到仁愛路 96 之 6 號的一戶住家門口，等待碧雲寺神轎到來。

在等待的時候，洪老太太向筆者說：她的兒媳、孫住高雄，兒子已過世。女兒住臺南，外孫女兩人，每週都會輪流回來陪她。自己不願意到外地住，現在年紀大了，對於祖先留下來的習俗，不願意讓下一代去承受，如果不處理，留下這個「業」，她對不起後代。

為什麼要在仁愛路與大福漁港前路角拜拜，她也不知道，只知道祖先留下來的習俗。在很早以前，很多人會在這個地方拜拜，但是，這幾年人口外移，只留下三個人在這裡拜，年紀大了，沒辦法再做這些事，只好求觀音媽做主。

〔註71〕資料來源：三隆宮管理委員會，筆者田野調查，地點：屏東縣琉球鄉碧雲寺，日期：2019 年 4 月 5 日。

　　中午 12 時 24 分，遶境隊伍經過仁愛路 96 之 6 號，洪老太太在外孫女攙扶下，準備向碧雲寺神轎跪道求解，但是洪老太太年紀大，動作慢，加上轎班、遊客塞爆馬路，無法趕上碧雲寺神轎，只能往前追著神轎。洪老太太追不上碧雲寺神轎（佛祖），而後面來一頂碧雲寺神轎（大媽），筆者先攔住神轎，再由一位婦人跪道求解。【圖 5-46】但是碧雲寺神轎（大媽）乩童指示找「二媽」（四駕神轎）。

圖 5-46：跪道求解（三隆宮戊戌正科）

【黃永財拍攝：2018/11/13】

　　洪老太太與她的外孫女及兩位婦人，又不知所措，於是分頭找二媽的神轎。這段時間正逢轎班在大福漁港休息吃午餐，人潮實在太多，不知碧雲寺二媽神轎在哪裡，始終找不到，筆者與洪老太太竟然「失聯」。後來因為中午休息後，遶境隊伍要繼續行走，筆者只能將這件事暫時告一段落。

　　「跪道求當選」，民國 107 年（2018），適逢屏東縣縣議員選舉。琉球鄉選區的候選人王薇茗，在代天巡狩王駕出巡第四天（國曆 11 月 16 日）上午 8 時左右，遶境白沙尾角。當遶境神轎經過「王薇茗競選總部」前，王薇茗向每一頂神轎跪道頂禮獻香，祈求能順利當選，因為過幾天，國曆 11 月 24 日（星期六）就是投票日，所以候選人利用遶境時機，向每頂神轎的神明祈求能當選，也向鄉民再一次「拉票」，一舉兩得。結果王薇茗順利當選。

（四）迎王遶境的餐點

　　遶境隊伍從上午 7 時自三隆宮集合出發，一到遶境的角頭，鄉民在家門口前的馬路上，早擺好飲料（運動飲料、沙士、保力達、康貝特、蠻牛、礦泉水等）、早餐（麵包、三明治、蛋餅、煎餃等）、水果（切好的小玉西瓜、橘子），點心有粽子、餅乾、小雞塊、香雞排、大腸包小腸等，另有整盤拆散的

香菸及整包的包葉檳榔，東西準備很多，還會主動送上。這都是中午以前各角頭鄉民自行準備的餐點，同時島上的便利商店，在店門口擺滿飲料，免費提供。鄉民說：早上一定要吃飽，全天才有力氣，因為轎班從早上要扛神轎到晚上，走走停停，體力耗損，況且迎王祭典有很多天的路要走。

迎王遶境的中午休息及中餐，交由四角頭福德正神廟各自負責統籌，因此四角頭有「輸人不輸陣，輸陣歹看面」，怕不夠吃與不好吃，還有吃不好，講出去真的很漏氣。所以福泉宮總幹事說：轎班的點心，品質及份量，都要控管好，不小心就會出錯，做不好，會沒面子。〔註72〕

遶境各角頭，每一轎班都有各自一處休息區，並有專人在現場看管餐點，據現場義工表示：送來的鐵桶（飯菜），要放到桌上，或地上鋪上紙板，【圖5-47】如果東西直接放在地上容易臭酸（如便當、肉粽）。沒有穿著轎班的服裝或帽子，是不能進入取餐，只能到遊客點心區。【圖5-48】

主辦單位將遶境隊伍（轎班）與隨香（遊客）休息區分開，隨香或遊客可以在貼有「迎王香客、遊客點心區」用餐。如遶境出巡第四天（遶境白沙尾角），香客、遊客的餐點：檸檬愛玉冰品、棕子、白飯、鼎邊銼、咖喱雞、飯湯、雜菜、魚丸湯、素食飯湯、素食炒米粉等。

戊戌正科（2018），報出吳大千歲「銜頭」的南福村姚池宮的餐點（第四天，遶境白沙尾角）：剝皮辣椒雞、魚翅羹、肉丸湯、羊肉湯、大腸香腸、炒米粉、便當等。

圖5-47：遶巡小琉球白沙尾，轎班的午餐（三隆宮戊戌正科）

【黃永財拍攝：2018/11/16】

〔註72〕受訪者：許真念（小琉球福泉宮、騰風宮、老人會總幹事），訪談者：黃永財，地點：屏東縣東港華僑市場，日期：2019年4月5日。

圖 5-48：遶巡小琉球白沙尾，轎班休息區（三隆宮戊戌正科）

【黃永財拍攝：2018/11/16】

　　遶境出巡第四天（遶境白沙尾角），中午休息區以觀光港路、本漁路為主。據看管餐點義工表示：午餐最好在中午 12 時以前吃完，如果神轎在中午 12 時以前未到達指定休息區，神轎原地停放，轎班先到休息區用餐，轎班才不會餓過頭，餐點不會壞掉。〔註 73〕本書將遶境出巡第四天（遶境白沙尾角），四角頭各取一轎班的午餐（菜色）做介紹：

表 5-20：戊戌正科（2018）迎王平安祭典轎班餐點（例舉）一覽表

角　頭	廟　名	餐　點　內　容
大寮角	大福村伍龍宮	雞肉湯、羊肉、魚翅羹、魚丸湯、粽子、油飯、炒米粉、便當等。
天臺角	天福村天龍寺	香菇雞、雞肉、飯湯、魚翅羹、薑母鴨、米血薑母鴨、鹹菜鴨、冬粉鴨、海苔捲、便當、粽子等。
杉板路角	上杉福安宮	干貝魚丸湯、羊肉、花生豬腳、薑母豬腳、雜菜湯、薑母鴨、油飯、便當、炒米粉等。
白沙尾角	中福村李厝	干貝魚丸湯、雜菜湯、火鍋料湯、薑母鴨湯、薑母鴨（乾料）、魚翅羹、炒米粉、魚丸、粽子、便當等。
備註： 1. 餐點用白鐵水桶（新）裝。 2. 主辦單位提供白鐵碗、湯匙。 3. 每桶餐點價錢大約：鴨肉冬粉 2,000 元、鹹菜鴨 3,000 元、薑母鴨 3,000 元、魚翅羹 4,000 元。 4. 以上餐點名稱及價錢由現場義工提供。			

資料來源：筆者田野調查及整理

〔註 73〕受訪者：許麗美（女、轎班午餐義工），訪談者：黃永財，地點：屏東縣城隍廟旁、觀光港路、木漁路，日期：2018 年 11 月 16 日。

　　小琉球迎王祭典，轎班的點心，小琉球作家黃慶祥的《古典小琉球》，這麼寫著：

> 一根扁擔
> 兩個天籃
> 一頭裝的是沉重的點心
> 一頭裝的是濃厚的鄉情
> 踩著傳統的步伐
> 一路搖晃到分配中心
> 成群的點心蜂擁蟻聚
> 肉粽一串串
> 如小山的堆積
> 草蝦又紅又捲曲
> 相互勾連於整桶的湯裡
> 油飯粒粒晶瑩柔細
> 還摻雜艷麗的紅蝦　魷魚
> 還有傳統的鹹菜鴨　香菇雞
> 都一一散開到指定的區域
> 眾轎班一時目不暇給
> 一張口更是三心兩意
> 嘴裡咀嚼著油飯糰
> 眼裡又巴望著香菇雞
> 一碗接著一碗
> 這裡換過那裡
> 琉球婦女精心調製的料理
> 已滿足累積三年的空虛
> 更有冰涼的愛玉及小玉
> 一一打開毛細孔的緊閉
> 半天的勞累於是趁機飛走
> 再出發的動力於是隆隆昇起〔註74〕

〔註74〕黃慶祥：《古典小琉球》（屏東縣：黃慶祥發行，2008 年 10 月，初版），頁 391、392。

早期鄉民提供轎班點心，自己煮好後，用扁擔挑著天籃，送到各角頭指定處集中，再分配到各組轎班，而現在可自由捐現金，由餐廳代煮，直接送到集中區。上述引文中，轎班的點心，出現肉粽、油飯、鹹菜鴨、香菇雞、草蝦、魷魚及愛玉冰等，這些好料都是轎班補充體力的食物，直到戊戌正科迎王還是主要的餐點。

《古典小琉球》中提到甲戌科（1994）迎王，轎班的點心，粽子及油飯是大宗。小時候常見的白飯（可攪著雜菜湯當飯湯）不見了。〔註75〕不過，據筆者在戊戌正科（2018）迎王平安祭典，轎班餐點，看到餐點中，還是有一桶又一桶的白飯及菜湯。【圖 5-49、圖 5-50】如果高屏地區的廟宇慶典熱鬧時，轎班最方便的點心，就是白飯加菜湯（湯料：丸子、蝦、魚肉、肉絲、蚵仔、筍、蔬菜等）。

戊戌正科迎王祭典，遶境出巡第四天（遶境白沙尾角），天臺角天福村天龍寺轎班的點心，還是有飯湯。除了米飯外，還有炒米粉，而香客、遊客的餐點有素食飯湯、素食炒米粉。冷飲方面，飲料整箱疊著，四方形大水桶加入冰塊，桶內近十種口味飲料隨你拿，另有愛玉冰、粉圓等，水果是切好的西瓜，整盤整盤擺放在桌上。

圖 5-49：轎班餐點，雜菜湯（三 　　　　圖 5-50：轎班餐點，白飯（三隆
　　　　隆宮戊戌正科）　　　　　　　　　　　　宮戊戌正科）

【黃永財拍攝：2018/11/16】　　　　　【黃永財拍攝：2018/11/16】

三、王船遶境，恭送王駕

迎王平安祭典中，倒數第二天的王船遶境，是小琉球王船祭在送王前最重的活動之一。遷船遶境琉球全鄉，但無法如前四天的遶巡到各角落，所以

〔註75〕黃慶祥：《古典小琉球》（屏東縣：黃慶祥發行，2008 年 10 月，初版），頁 51。

只能泊碇在幾個指定處,接受信徒的添載,沿路遶巡時,信徒可以隨時添載,王船還是持續前進。

恭送千歲爺們要離開小琉球的前一晚,準備「宴王」儀式,其過程嚴謹恭敬,不准許任何不相關人員進入,整個過程鄉民是無法觀看。

送王隊伍在凌晨黑夜中行進,一路並沒有吵雜聲,只有隊伍步行的聲音,有如軍隊的夜行軍。當到達送王地點,即展開送王儀式,此時聚集看燒王船的人越來越多。

(一)遶船遶境,添載百物

臺灣的王船祭典,因地域性不同,各有不同的祭典方式,如東港系統的王船祭,是舉行遶船遶境,而西港系統,在迎王期間則是刈香活動。遶船遶境,是請王船遶巡迎王盛會的祭祀圈,其目的是藉著王船出巡各地區,鎮邪祛瘟,同時能獲得信徒的添載。

「添載」,信徒通常會準備各式日常用品及金紙等或金錢(紅包袋),為王船添載。雖然民間信仰中的王船,是宗教物,但是與現實生活中的真船,其配置無異,尤以火柴、醋、鹽、醬油、油、米等是民生必需品,也有以煙、酒等作為添載物。還有,凡是信徒所有消災解厄的祭改品,借由王船一併押送,意謂者帶走一切歹物及厄運。

戊戌正科(2018)迎王平安祭典,遶王船法會開船眼,點軍兵,於國曆11月16日(農曆10月9日)上午卯時舉行,同時王船移座王府,將王船遶出到三隆宮廟埕的先鋒府前,船艏向王府戲臺。船艏前設供桌,供品有素牲禮、紅龜、發糕,十二杯茶水。【圖5-51】

圖5-51:王船添載(三隆宮戊戌正科)

【黃永財拍攝:2018/11/16】

　　當王船移座在廟埕，四周圍用圍籬隔開，並有專人看守。開始接受信徒添載，如紅包，或盒裝物品，整盒共六樣：火柴、醋、鹽、醬油、油、米。盒外有「添載」兩字，一盒售價 600 元。添載的物品只是一種形式，儀式完後，一部分放於供桌，由信徒乞回去；另一部分送給鄉內低收入戶。

　　「王船遶境」，於國曆 11 月 17 日（農曆 10 月 10 日）上午 7 時出發，其目的，除了添載，另有「收瘟」的意涵。添載有兩個對象：一是信徒給王船添載；另一是王船替漁船添載，當王船遶巡港口時，港內漁船掀開艙門灑酒，並燃炮歡迎，祈求賜給漁獲滿艙，當王船離開後，立即蓋上艙門。

　　小琉球王船是遶巡全鄉四角頭一週，一天完成，所以路太小或進出不方便就不遶行。戊戌正科（2018）王船，長 16 尺 3 寸、寬 4 尺 11 寸，不很大，所以選王船大繩：長 86 臺尺兩條；69 臺尺兩條，黃色，1 寸粗，王船的二前、二後共有四條大繩索，一般是由二、三、四、五千歲的轎班負責牽挽。【圖 5-52】

　　王船遶境隊伍排列順序：三府千歲大旗、鼓吹班、班頭、三隆宮先鋒隊、觀音佛祖（佛祖）、代天巡狩中軍府、代天巡狩五府千歲涼傘、王船、帥旗、管理委員會（委員、監事、常務監事、總幹事、主任委員）、祭典會（參事、理事、副總幹事、總幹事、副總理、大總理）、隨香人員、車輛兩台，準備竹竿以排除障礙物。【圖 5-53】

圖 5-52：三隆宮戊戌正科王船遶巡

【黃永財拍攝：2018/11/17】

圖 5-53：王船遶巡用竹竿排除障礙物

【黃永財拍攝：2018/11/17】

表 5-21：戊戌正科（2018）王船遶境四角頭福德正神廟到達、起駕時間
一覽表

四角頭福德正神廟	到達時間	起駕時間	備　　　註
白沙尾福泉宮	上午 8 時 52 分	上午 9 時 14 分	信徒添載以紅包為最多。【圖 5-54】
大福福安宮	上午 10 時 17 分	上午 10 時 40 分	福安宮神轎與水興宮神轎一同迎接王船。信徒添載以紅包為最多。
天南福安宮	上午 12 時 11 分	下午 13 時	信徒添載以紅包為最多。
上杉福安宮	下午 14 時 30 分	下午 14 時 48 分	「天興」舞獅團（兩隻舞獅表演），財神爺迎接王船到來。信徒添載以紅包為最多。
			王船添載總收入：964,506 元

資料來源：筆者田野調查及整理

圖 5-54：三隆宮戊戌正科王船添載（紅包）

【黃永財拍攝：2018/11/17】

　　王船遶境路線：三隆宮出發→中山路→民生路→白沙尾觀光港→「白沙
尾福泉宮添載處」→三民路→漁埕尾筏仔港→環島公路→仁愛路→「大福
福安宮添載處」→大福漁港→和平路→忠孝路→「天南福安宮添載處」→澳
仔口漁港→中正路→中興路→杉板路→「上杉福安宮添載處」→杉板路漁
港→上杉路→中華路→復興路→相埔路→肚仔坪路→上杉路→復興路→民
族路→中山路→民權路→中山路→「碧雲寺添載處」→中正路→南潭中營
福安宮→忠孝路→中正路→中山路→回三隆宮。【圖 5-55】

圖 5-55：小琉球三隆宮戊戌正科王船遶境路線圖

圖片來源：《琉球鄉三隆宮戊戌正科（2018）平安祭典會工作手冊》
【黃永財翻攝：2020/2/14】

（二）宴　王

　　王船遶境，祭典會的安排，是在國曆 11 月 17 日（農曆 10 月 10 日）下
午 17 時前，返回王府安座，安座後，由典務科人員開始添載，再舉行王船法
會，一連串活動及儀式後，進入「宴王」。

　　小琉球的「宴王」，是在送王的前一晚，設宴款待大千歲等王爺，感謝這
段期間的辛苦，也是歡送出海前的餐宴。為了表示隆重，宴王時，準備一〇
八道滿漢大餐，由大總理代表琉球鄉全體鄉民，以人間美味供奉代天巡狩千

歲爺,及參與盛典聖神等,也代表鄉民接受代天巡狩的賜福。

對於將離境的千歲爺,態度需誠謹,生怕失儀,如《諸羅縣志》記載:「醮畢,盛席演獻,執事儼恪,跽進酒食;既畢,乃送船入水,順流揚帆以去。」〔註76〕又《臺灣縣志》記載:「總以末日盛設筵席演戲,名曰請王;進酒上菜,擇一人曉事者,跪而致之。」〔註77〕從方志的敘述中,強調以「儼恪」、「跽進」、「跪而致之」等用詞,可見設宴款待大千歲隆重嚴謹的情景。

宴王的禮節,在各地的迎王祭典中,各自發出不同禮節,除了禮生之外,甚少人知道祭禮的禮節,具有一種神聖而神秘性。小琉球三隆宮戊戌正科(2018)宴王是在國曆11月17日(農曆10月10日)下午21時至24時(預計)舉行,參加人員:科巡主事、管理委員會、內司人員,攝影人員2人、聖樂隊,其他人員不得進入。並且規定參加人員應服裝整齊,於宴王開始前半小時在「王府」外待命,時刻到,由內司人員引導入王府,並聽從內司人員指導就位。當宴王進行中,參加人員應保持肅靜,不得做出有礙禮儀的行為。由總班頭、班長負責督促班頭要嚴守門禁規定,不得讓非參加人員隨意進出王府內,確實維持秩序。

(三)凌晨送王

凌晨「送王」,東港溪流域系統都在午夜之後進行,小琉球三隆宮在凌晨1時遷送王船,是臺灣送王船的特色之一。其餘地區則多選擇白天,如曾文溪流域系統及其南北一帶多在上午,朴子溪流域系統,多在傍晚,而澎湖地區則不定,其因可能和住民生活作習慣有關。〔註78〕

小琉球三隆宮戊戌正科(2018)平安祭典活動,國曆11月18日(農曆10月11日)凌晨1時從三隆宮出發,到達白沙尾中澳沙灘恭送王駕儀式中,達到高潮而進入尾聲。

送王前,三隆宮廟埕前恭奉,豬(左)、羊(右)各一隻,擺設位置與請王相反〔註79〕,內臟置於長椅下。正、副棚戲臺,同時扮仙。三十六燈籠從

〔註76〕清·周鍾瑄主修:《諸羅縣志》(臺北市:遠流出版事業股份有限公司,2005年6月,一版),頁232。
〔註77〕清·陳文達編纂:《臺灣縣志》(臺北市:臺灣銀行,1961年6月),頁60。
〔註78〕黃文博:《南瀛王船誌》(臺南縣:臺南縣文化局,2000年2月,初版),頁48。
〔註79〕三隆宮廟埕前恭奉,豬、羊各一隻,擺設請王與送王位置相反。據總幹事蔡文財表示,應該要一致,可能工作人員疏忽擺錯。

「王府戲臺」拆下，分掛於王船兩側，燈上有中國三十六行政區名稱，也是象徵千歲爺具有奉玉旨「代天巡狩」的欽差神職，以及擁有「遊府吃府、遊縣吃縣」的特別禮遇。

凌晨 1 時一到，原本在王府內代表五位千歲的王令，及中軍府內的中軍爺令牌及木雕的十三尊班頭像，均各自在神轎就緒完畢，準備向送王地點的白沙尾中澳沙灘出發。隊伍排列順序：法會師父開水路引導王船、內司班、班頭隊、代天巡狩（大千歲、二千歲、三千歲、四千歲、五千歲、中軍府）、大總理、副總理、秘書、總幹事、副總幹事、理事、參事、管理委員會主任委員、常務監事、委員、監事、總幹事、觀音佛祖（佛祖）、觀音佛祖（大媽）、大寮角隊伍、天臺角隊伍、杉板路角隊伍、白沙角隊伍、班頭隊、三隆宮先鋒隊。

送王的隊伍順序，與請王、王駕巡察（遶境），有所變動，大千歲排於各千歲之前。上午 1 時 13 分，鳴炮。上午 1 時 14 分，王船從三隆宮出發。上午 1 時 38 分，神轎隊伍到達白沙尾中澳沙灘。上午 2 時 23 分開始添載。上午 3 時，請大千歲上王船，上午 3 時 4 分，請二千歲、三千歲、四千歲、五千歲，陸續上王船。上午 3 時 16 分，十三班首登上王船。

此時，兩人抬油鼎立於王船旁，鞭炮圍繞王船四周，三十六燈籠，掛於王船兩側，燈是亮著。上午 3 時 35 分，祭典會主事人員、管理委員會等參拜稟報，頭筆遶王船一周，燒王船事前工作完成。【圖 5-56】上午 3 時 37 分，鳴炮，王船已被炮火點燃，司儀廣播，有打火機者請圍繞王船外的金紙，幫忙點燃。上午 3 時 43 分，王船被鞭炮及金紙火焰包圍著，整艘王船燃起熊熊烈火。【圖 5-57】

王船引火，象徵遊天河，沒有特別儀式，琉球鄉人希望王船能帶走災禍，靖除不祥，能夠賜福於小琉球。前來與千歲爺送行的琉球鄉信徒，當王船燃燒起之後，將手中所持的香插在海灘上，並未隨即轉身離去，而是目睹王船燃起更猛烈大火。上午 3 時 45 分，逐漸隨著神轎陸續離開中澳沙灘，此時神轎的燈全熄，恭送王駕後收壇，各神轎隊伍偃旗（收涼傘）息鼓，各自回宮。上午 4 時 5 分，三隆宮的神轎陸續回宮，鄉民還在廟裡廟外持續忙碌著。戲棚在送王後已停戲。

另一方面，中澳沙灘停留現場者，幾乎是外地前來的參觀民眾，手機不斷拍照，或依附在中澳沙灘流動攤販中，並沒王爺（瘟神）會再返回的心理

顧忌，因為傳說，送走的王爺們，如果聽到熱鬧歡呼聲會以為要招請祂們回來。所以現場並未有吵鬧聲，與請王的熱鬧歡呼聲，形成強烈對比。

圖 5-56：小琉球中澳沙灘，燒王船前準備工作（三隆宮戊戌正科）

【黃永財拍攝：2018/11/18】

圖 5-57：小琉球中澳沙灘，王船燃起大火（三隆宮戊戌正科）

【黃永財拍攝：2018/11/18】

圖 5-58：小琉球三隆宮戊戌正科恭送代天巡狩王駕路線圖（送王）

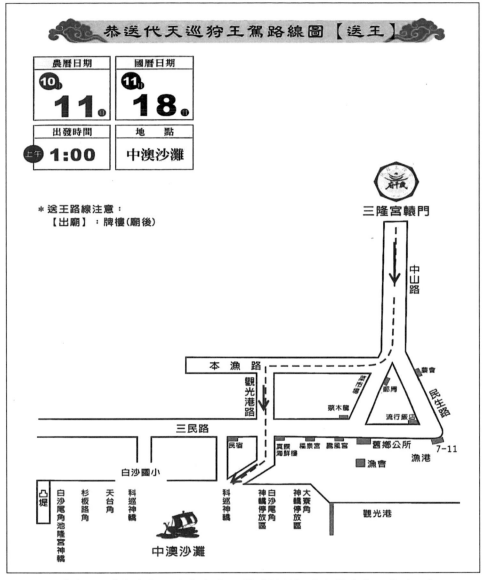

圖片來源：《琉球鄉三隆宮戊戌正科（2018）平安祭典會工作手冊》
【黃永財翻攝：2020/2/14】

四、戊戌大圓滿，迎向辛丑正科

　　國曆 11 月 17 日（農曆 10 月 10 日）預計下午 20 時開始祀天仙，接著三官妙經、北斗真經，然後進行關祝五雷神燈祭王禳災和瘟（祭船）。所謂「五雷燈」，大概是從南宋時很盛行的「五雷法」所發展出來的一個儀式，在南臺

灣有的道長所擁有的「五雷燈科」與驅逐五瘟使者有關。〔註80〕

　　五雷燈結束之後，進行「和瘟」儀式，這個儀式會替主家小琉球人做主，拜託天神向玉皇上帝求情，以前所犯過的罪惡，所以要誦一張「天赦符命」，再將天赦符命貼在船帆上，隨著王船燒化，上達天庭。

　　戊戌正科迎王平安祭典結束後，舉行平安宴，是慶賀祭典功德圓滿，再則慰勞鄉民。祭典會財務組，將戊戌正科平安祭典總收支全部整理完畢報告，同時宣告迎向辛丑正科（2021）平安祭典。

（一）燒化天赦符命，上報玉帝

　　戊戌正科（2018）王船，國曆11月18日（農曆10月11日）上午3時37分在中澳沙攤，以「遊天河」送走吳大千歲等王爺，鄉民希望將地方上「不淨邪煞」帶走，似乎有送「瘟王船」的信仰。然而小琉球三隆宮的王船信仰，它具有強烈的「魚王船」色彩，是東港東隆宮的王船系統，與西南沿海一帶「瘟王船」稍異，這可從小琉球王船彩繪看得出來。〔註81〕黃文博的《臺灣信仰傳奇》中提到：「可由討海人的心靈世界去看，這種是由『瘟王船』變『魚王船』的王船意念衍化，正是民間信仰放任性和自我調適性的最好註腳。」〔註82〕意謂著送瘟的觀念已經沒有早期那麼的強烈。

　　雖是如此，還是做和瘟的儀式，目的是請求瘟神不要將瘟疫留下來，或者疫災是民眾罪惡所引起的天罰，所以「和瘟」好像一個懺悔的儀式〔註83〕，因此小琉球三隆宮戊戌正科（2018）在王船的船帆上貼一張「上清天赦符命」【圖5-59】：

> 上清天赦符命
> 右符告下　合境各家六神　仰准
> 敕命火急宣瑜，當境里域，今年歲分瘟司聖眾，即將合境眾等或有
> 　　一切罪愆並行赦宥，若係天行時疫亦體。
> 太上好生之德，即當收攝時疫之氣還治回司，毋得有違科條久困生

〔註80〕康豹：《臺灣的王爺信仰》（臺北市：商鼎文化出版社，1998年10月，第一版），頁165。

〔註81〕戊戌正科（2018），王船彩繪：船肚上方是八仙；中是龍；船底則是魚、蝦。

〔註82〕黃文博：《臺灣信仰傳奇》（臺北市：臺原出版社，1989年8月，第一版），頁185、186。

〔註83〕康豹：《臺灣的王爺信仰》（臺北市：商鼎文化出版社，1998年10月，第一版），頁167。

　　靈，別有傳染妄興妖毒邀求祭祀，押赴，

真司考治一如

誥敕風火驛傳

天運戊戌科年十月初十日告下

　　主行科事林承誥奉行

祖師三天大法天師真君張〔註84〕

天赦符命貼在帆上，隨著王船燒化以「遊天河」，上稟天庭。對於王船的信仰，小琉球地方耆老認為除了驅瘟的原意之外，另有祈魚之意，形成「魚王船」的信仰意涵。換句話說，是「驅瘟」與「祈魚」的王船信仰。

圖 5-59：小琉球三隆宮戊戌正科上清天赦符命

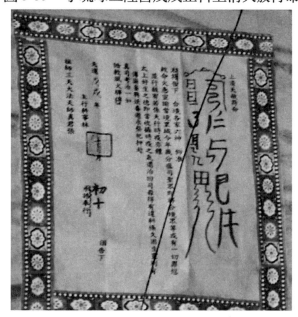

【黃永財拍攝：2018/11/18】

小琉球三隆宮戊戌正科（2018）的「上清天赦符命」，是源自《北帝伏魔祛瘟告符全集》，被收錄於《藏外道書》。「上清天赦符命」的全名應是「上清天赦和瘟符」。〔註85〕

　　東港東隆宮，做「和瘟」儀式後，道長會將「天赦符命」燒掉。不過東港

〔註84〕資料來源：筆者田野調查，地點：屏東縣琉球鄉三隆宮，日期：2018 年 11 月 18 日。

〔註85〕胡道靜、陳耀庭、林萬清主編：《藏外道書》（成都：巴蜀書社，1994 年 12 月），頁 15–343。

東隆宮是以「上清天赦『和瘟』符命」，其內容與小琉球三隆宮的「上清天赦符命」，還是有差異。東港東隆宮「上清天赦和瘟符命」的內容：

> 右符告下，司家司命土木六神仰集，敕命火急宣詞，當境里域正神，今年歲分瘟司聖眾，特為醮主○○○……等前生今世故作誤為大小罪愆並行赦宥，時氣收回，所患平安。伏乞體上帝之好生，庸下民祈禱之誠。倘有下邪故炁妄生侵害邀求祭祀，即使攝赴，真司依律治罪一如，誥命
>
> 天運民國某年某月某日吉時告下
>
> 主行科事○○○承誥奉行
>
> 　　祖師三天扶教正乙天師真君張
>
> 　　恩師和瘟教主匡阜真人〔註86〕

和瘟為送王船的關鍵儀式，如和瘟教主匡阜真人，即有勸解瘟神遠離的真人，其他勸解真人還有統瘟靜明真人、解瘟明覺大師、和瘟勸善大師等。臺灣南部特別強調「和」瘟，以和為貴，而不使用驅、逐或送等字眼，表現得較為謙卑客氣。〔註87〕

（二）三隆宮戊戌正科平安祭典收支報告

三隆宮戊戌正科（2018）平安祭典圓滿結束後，祭典組亦比照一般寺廟，將收、支明細列出並公布（平常大概是以紅紙書寫而貼於牆上）。然而，迎王祭典的收、支龐大，祭典組將收、支明細打字印製裝訂成冊，並發給祭典會相關人員一本手冊。同時，為讓鄉民瞭解本科迎王收、支財務狀況，將手冊置於三隆宮廟埕，供民眾參閱。據祭典會主事表示，迎王祭典的財務要公開透明化，不單是祭典會相關人員知道而已，也要讓鄉民、信徒、外緣（地）等人們看到寄付的款項，錢花到哪裡。所以三隆宮戊戌正科平安祭典收、支明細，主事者認為有必要公開，因此，本書擇要製表列出，借此讓人們瞭解到三年一科的迎王，所需花費及準備是如何的龐雜。

三隆宮戊戌正科平安祭典收入，入帳是從民國107年（2018）3月26日，琉球漁會開戶100元開始，到107年（2018）12月26日，戊戌正科大總理基

〔註86〕康豹：《臺灣的王爺信仰》（臺北市：商鼎文化出版社，1998年10月，第一版），頁169。

〔註87〕李豐楙總編：《東港迎王——東港東隆宮丁丑正科平安祭典》（臺北市：臺灣學生書局，1998年10月，初版），頁233。

金捐獻 4,000 元為止，總收入：32,353,283 元。

支出，從民國 107 年（2018）4 月 23 日，支預付零用金 50,000 元開始，到民國 108 年（2019）1 月 9 日，掛平安燈電費 8,900 元、黑塑膠袋 3,600 元為止，總支出：24,049,125 元。

戊戌正科平安祭典，總收入是三千二百多萬元，總支出是二千萬左右，結餘款有八百三十萬之多（8,304,158 元）。收入明細表有 268 條，支出有 297 條。

表 5-22：三隆宮戊戌正科平安祭典收入總表

序號	收　入　摘　要	金額（元）
1	開戶	100
2	三隆宮碧雲寺管理委員會轉入	3,000,000
3	王船建造寄付	1,017,100
4	顧問款總金額	8,421,000
5	丁口、燈彩（本福村）	374,900
6	丁口、燈彩（中福村）	209,800
7	丁口、燈彩（漁福村）	203,700
8	丁口、燈彩（大福村）	353,000
9	丁口、燈彩（天福村）	239,700
10	丁口、燈彩（南福村）	241,300
11	丁口、燈彩（上福村）	403,500
12	丁口、燈彩（杉福村）	187,500
13	題丁、燈彩（三隆宮）	85,800
14	代收法會等保證金收入	264,200
15	贊助王船進水撒糖捐款	5,000
16	神明鑑醮款	108,000
17	存摺利習收人	2,403
18	東港區漁會（匯款）	100,000
19	卡布敦啤酒寄付	25,440
20	王船進水平安宴收入	2,053,700
21	王船公及中軍大爺獻金箱	1,330,790
22	陳川家寄付王戲	400,000
23	平安祭典棚頭、寄付（三隆宮）	2,230,340

24	平安祭典棚頭、寄付（碧雲寺）	903,400
25	迎王祭典平安宴收入	1,887,000
26	王船遶境添載收入	964,506
27	法舟添載收入	585,565
28	執事人員大金燈綵	408,950
29	收回退貨款	6,529
30	收回電話保證金	3,000
31	顧問服義賣	10,600
32	添載米包義賣	76,000
33	戊戌正科文宣組盈餘	3,984,960
34	收回預付零用金	1,840,000
35	退陳金龍顧問金重複入帳	25,000
36	退天福村燈彩	500
37	戊戌正科大總理基金捐獻	400,000
	總收入	32,353,283

資料來源：1. 三隆宮戊戌正科平安祭典財務組。　2. 筆者田野調查及整理。

表5-23：三隆宮戊戌正科平安祭典支出總表

序號	支出摘要	金額（元）
1	安中軍府王船開斧安龍骨	340,152
2	王船公用品等	404,035
3	執事人員顧問等服裝	932,600
4	帽子	241,020
5	戲臺（請王、撒糖）	67,000
6	各項紅包款	76,600
7	法師	80,000
8	職務燈、廟燈、綵令旗（張吉成）	1,010,220
9	王船進水糖果	314,000
10	敬果（糖果）	65,926
11	王船進水、法會零錢	22,800
12	鼓吹	246,000
13	戲金	873,600
14	聖樂	486,000

15	宋江陣	260,000
16	宋江陣及大千歲制服	56,250
17	宋江陣住宿	36,000
18	金紙類	1,176,240
19	王船進水平安宴	1,381,000
20	冰箱	51,000
21	文具用品	36,074
22	請柬	18,900
23	印祝賀紅紙	25,800
24	牌樓及貨船運費	162,000
25	宴王用品	86,860
26	迎王及大轎用品	82,336
27	遶境保費	28,266
28	廣播及廣播（喊話）器	27,500
29	鮮花	75,500
30	香腸	35,340
31	檳榔	73,100
32	糕、紅圓、發粿	376,950
33	帆布架	72,000
34	補貼大總理	260,000
35	LED 及戲臺、指揮臺彩繪、看板油漆	269,000
36	車資	120,850
37	牲禮	571,405
38	郵資	29,736
39	電話費	12,197
40	瓦斯、鍋具	119,985
41	食（蔬）菜類	656,885
42	布類毛巾被單服裝等	78,430
43	祭典平安宴	1,364,000
44	葷宴席及食材	496,820
45	葷食工資	384,500
46	飲料	93,235
47	水圓等	37,640

48	雜貨	539,519
49	工資（顧王船、交通、打掃）	71,500
50	千歲轎工資	179,200
51	素宴席（飯湯）	177,530
52	素食工資	426,000
53	水果（敬果）	353,983
54	海產類	586,700
55	王馬	63,000
56	法會及用品	422,416
57	內侍用品	90,679
58	肉類（羊）	336,450
59	雞肉（隻）	335,120
60	王豬及工資	41,959
61	追加大金保證金	1,500
62	法舟用品	34,207
63	王船組材料	460,000
64	王船祭錄影	98,000
65	電器組材料	399,770
66	電器組基金	100,000
67	內司基金	60,000
68	洗被單費用	5,390
69	退各項保證金	264,200
70	預付零用金	1,840,000
71	退陳金龍顧問金重複入帳	25,000
72	退天福村燈彩	500
73	轉還三隆宮碧雲寺撥入基金	3,000,000
74	移交辛酉正科大總理基金	400,000
75	印製平安祭典簿冊費用 30 本	8,250
76	掛平安燈電費 8900、黑塑膠袋 3600	12,500
	總支出	24,049,125

資料來源：1. 三隆宮戊戌正科平安祭典財務組。　2. 筆者田野調查及整理。

（三）辛丑正科（2021）平安祭典執事遴選名冊

小琉球三隆宮迎王祭典，每科迎王遶境四角頭結束後，需遴選出下科大

總理、副總理、理事、參事，為下一科迎王的工作準備。大科年的年初開始進入籌備階段，由大總理總攬事務，副總理、理事、參事，總幹事等邀請小琉球四角頭、八個村村長、各寺廟負責人、地方士紳，及地方公廟碧雲寺、三隆宮管理委員會等共同組成「琉球鄉三隆宮戊戌正科平安祭典會」。

　　辛丑正科（2021）祭典會主事人員，民國107年（2018）11月17日遴選出來，大總理是林家來，【圖5-60】四角頭各一位副總理，八個村各一位理事、參事。

圖5-60：小琉球三隆宮辛丑正科（2021）大總理林家來（中）

【黃永財拍攝：2019/9/13】

表5-24：三隆宮辛丑正科（2021）大總理、副總理、理事、參事名冊一覽表

職　務	姓　名	角頭別	職　務	姓　名	角頭別
大總理	林家來	杉板路角	理事	陳騰風	杉板路角
副總理	蘇新富	白沙尾角	理事	林坤全	杉板路角
副總理	洪志陽	大寮角	參事	陳信雄	白沙尾角
副總理	陳啟明	天臺角	參事	王明寮	白沙尾角
副總理	李順國	杉板路角	參事	黃舜對	白沙尾角
理事	蔡吉富	白沙尾角	參事	黃慶雄	大寮角
理事	許清福	白沙尾角	參事	洪省三	天臺角
理事	李瑞成	白沙尾角	參事	黃嘉諄	天臺角
理事	陳春進	大寮角	參事	李茂生	杉板路角
理事	黃慶一	天臺角	參事	林來興	杉板路角
理事	陳坤和	天臺角			

資料來源：筆者田野調查及整理